Minimalismus

Weniger besitzen. Mehr leben.

Pia Mester

Blog: www.MalMini.de

Twitter: www.twitter.com/Wuuuuusel

Facebook: www.facebook.com/MalMiniBlog

Umschlaggestaltung: Casandra Krammer,
www.casandrakrammer.de

Korrektorat: Silke Jankowski,
www.minimalisch.de

ISBN-13: 978-1511712606

ISBN-10: 1511712600

INHALT

Was brauche ich für ein gutes Leben?

Minimalismus – was ist das? Und was bringt mir das? Seit zwei Jahren beschäftige ich mich jetzt in meinem Blog mit dieser Frage. Das Konzept eines einfacheren, leichteren Lebens durch Minimalismus fasziniert mich, aber ich wusste lange nicht wieso. Geht es nur darum, möglichst wenig zu besitzen? Nicht mehr exzessiv zu konsumieren? Oder steckt viel mehr dahinter? Ändert sich dadurch mein Leben? Werde ich glücklicher? In diesem Buch versuche ich, die vielen Fäden zusammenzuführen.
Im Grunde dreht sich alles nur um eine Frage: Was brauche ich für ein gutes Leben? Viele Menschen nähern sich dieser Frage, indem sie ihrem Leben Dinge hinzufügen. Wie muss ich leben, was muss ich tun, was besitzen, um meine Zeit auf Erden auf dem Sterbebett nicht zu bereuen? Dabei blicken wir in viele Richtungen, doch nur selten in unser Inneres.

Wir lassen uns von Menschen und Unternehmen beeinflussen, die alle von sich behaupten, die Antwort parat zu haben. Ein Leben ist nur dann gut, wenn man ein schnelles Auto fährt, sagt die Automobilindustrie. Ein gutes Leben besteht vor allem aus vielen Reisen, sagt die Tourismusindustrie. Ohne Leistungsbereitschaft und Innovation ist kein gutes Leben möglich, behauptet die Wachstumsgesellschaft. Zufriedenheit und Glück liegen immer erst hinter der nächsten Biegung, wenn wir die nächste Karriereleiter erklommen haben, uns endlich ein eigenes Haus mit Garten leisten können, unsere Mitmenschen uns endlich die Anerkennung zuteilwerden lassen, die wir in unseren Augen schon lange verdienen. Glück ist in greifbarer Nähe, aber doch nie erreichbar. Das gute Leben, so haben wir gelernt, beginnt immer erst Morgen.

Minimalismus nähert sich der Frage nach dem guten Leben von der anderen Seite: Was brauche ich nicht dafür? Konkreter: Was brauche ich überhaupt? Das findet man am einfachsten heraus, indem man alles, was man nicht braucht, entfernt. Was übrig bleibt ist logischerweise das, auf das man nicht verzichten möchte. Das Wesentliche, die Essenz. Und das ist der Kern des guten Lebens.

Klingt simpel. Ist es auch. Lass weg, was überflüssig ist. Konzentriere dich auf das Wesentliche. Doch gerade das fällt vielen schwer. Schließlich haben wir gelernt, dass mehr besser ist. Dass uns etwas fehlen muss, wenn wir unglücklich sind.

Minimalismus ist ein Prozess, in dem es darum geht, herauszufinden, was wir brauchen und was nicht. Das ist nicht leicht, denn wir leben in einer Welt des Überflusses. Es gibt von allem zu viel. Wir lassen uns

zuschütten mit Dingen, Informationen und Glaubenssätzen, so dass unser Leben unübersichtlich wird. Alles ist nur noch Rauschen. Wie soll man blind und taub den eigenen Weg finden?
Die Journalistin Susanne Gaschke hat in der „Welt" eine treffende Analyse dazu veröffentlicht. Der Titel spricht für sich selbst: „Wie sich die Generation Zuviel selbst überfordert". Sie erklärt, wie viele Menschen besonders in der Mitte ihres Lebens unter den Anforderungen leiden, die die Gesellschaft an sie stellt: Familie, Karriere, Selbstverwirklichung, soziales Engagement und das Anhäufen von Konsumgütern – all das findet in dieser Zeit statt. Zudem, so Gaschke, litten wir unter Informationsüberfluss, ständiger Konkurrenz und allgemein dem Gefühl, dass einfach zu viel auf einmal passiere und unsere Aufmerksamkeit fordere. Diese allgemeine Überforderung ist der Grund dafür, dass sich der minimalistische Lebensstil immer größerer Beliebtheit erfreut. Wir beginnen uns gegen das ständige besser, schneller, weiter zu wehren. Leider wird Minimalismus oft missverstanden und schlägt schnell ins Gegenteil um. Nicht mehr die individuellen Bedürfnisse stehen im Vordergrund, sondern der Vergleich mit anderen: Wer besitzt weniger? Und schon dreht sich wieder alles nur um den Besitz, wenn auch auf eine andere Weise. Ziel einer minimalistischen Lebensweise ist es jedoch nicht, nur noch 100 Gegenstände zu besitzen oder nur mit einem Rucksack als Gepäck um die Welt zu reisen. Natürlich gibt es Menschen, die das Extrem leben. Doch das bedeutet nicht, dass das einzig wahrer Minimalismus ist. Ich verstehe

Minimalismus als sehr flexibles Lebenskonzept, bei dem man für sich selbst entscheidet, was ein gutes Leben ausmacht.

Oft wird Minimalismus an der Menge des Besitzes gemessen. Und schnell fragt man sich: Ab wann bin ich ein echter Minimalist? Wie viel darf ich besitzen, um mich so nennen zu dürfen? Ist es die magische Obergrenze von 100 Gegenständen, die einen zum Minimalisten macht? Dieser Vorstellung liegt ein Missverständnis zugrunde. Der Begriff Minimalismus kam erstmals in den 1960ern auf und bezeichnete damals eine Kunstrichtung, die danach strebte, das Wesentliche der Dinge darzustellen. Es dominierten klare Formen, Farben und allen voran die Farbe Weiß. Noch heute hat diese Strömung einen starken Einfluss auf unsere Kultur. Schlichtes Design ist beliebt, man denke nur an den Erfolg des iPhones. Auch Inneneinrichter mögen diesen Stil. Ein Raum mit klaren Linien und ohne viel Schnickschnack und Schnörkel beruhigt und sieht einfach schön aus. Und hier entsteht das Missverständnis: Man denkt, dass Minimalisten auch in minimalistisch eingerichteten Häusern oder Wohnungen leben müssten, die eben ziemlich leer wirken. Denn es kann natürlich sein, dass sich hinter der glatten, schwarzen Schrankfront ein Chaos verbirgt. Trotzdem sieht der Raum leer und aufgeräumt aus.

Ein minimalistischer Lebensstil unterscheidet sich also von minimalistischem Design. Du darfst Minimalist sein und trotzdem Blusen mit Blümchenmuster tragen. Du musst dich nicht auf schwarze oder weiße Kleidungsstücke beschränken. Du darfst Bilder aufhängen und Souvenirs sammeln und einen Schrank voller Tassen besitzen. Was die

Kunstrichtung und der Lebensstil gemeinsam haben, ist die Konzentration auf das Wesentliche. Sich immer wieder zu fragen: Bereichert dieser Gegenstand oder diese Aufgabe oder dieser Gedanke mein Leben oder nicht? Es geht darum auf die Dinge zu verzichten, die weder nützlich sind noch dich glücklich machen. Minimalismus ist eine sehr persönliche Lebenseinstellung. Es gibt keine klaren Vorgaben und Regeln. Du allein entscheidest, was dir gut tut und was nicht.

Deshalb soll dieses Buch keine Anleitung im klassischen Sinne sein. Du wirst nicht automatisch glücklich, indem du jedes Kapitel durcharbeitest. Denn ich habe keine Ahnung, was Glück für dich bedeutet, was deine Werte sind. Vielleicht Freiheit, Verbundenheit, Wirksamkeit, Nachhaltigkeit, Spiritualität oder etwas ganz anderes? Das musst du selber herausfinden. Sieh dieses Buch als Inspiration, als Anstoß in dich hineinzuhören und dann aktiv zu werden. Nimm daraus mit, was für dich passend ist. Finde deinen eigenen Minimalismus. Das Leben ist im Grunde einfach. Mach es dir nicht unnötig schwer, indem du versuchst ein perfekter Minimalist zu sein. Und vor allem: Sieh Minimalismus nicht als Wettbewerb.

Dieses Buch ist etwas für dich, wenn ...

... du dein Leben nachhaltig vereinfachen willst.
... du dich von deinem Besitz erdrückt fühlst.
... du dich für Minimalismus interessierst, aber nicht sicher bist, was das bedeutet.
... du gerne minimalistisch leben würdest, aber nicht weißt, wo du anfangen sollst.

Dieses Buch ist nichts für dich, wenn ...

... du in deiner Wohnung eigentlich nur Platz machen willst für neue Einkäufe.
... du dich durch Statussymbole definierst und daran nichts ändern möchtest.
... du nicht dazu bereit bist, deine Lebenseinstellung zu hinterfragen.
... du vollkommen zufrieden bist mit deinem Leben (Herzlichen Glückwunsch!).

Mit diesem Buch werden wir gemeinsam die Räume deiner Wohnung und die Bereiche deines Lebens entrümpeln. Schritt für Schritt. Sieh das Entrümpeln dabei eher als Training denn als Ziel. Mit jedem Gegenstand, von dem du dich trennst, wirst du lernen, Wichtiges von Überflüssigem zu unterscheiden. Du wirst dich daran gewöhnen, etwas ohne Angst loszulassen. So ordnest du nicht nur dein Umfeld, sondern bereitest dich auch darauf vor, dich von geistigem Ballast zu befreien.
Außerdem erfährst du, welche Erfahrungen andere Menschen mit dem Reduzieren gemacht haben. Wie hat sich das Leben dieser Menschen verändert, seitdem sie sich mit Minimalismus beschäftigen? Welche Tipps können Menschen geben, die sich schon eine Weile mit Minimalismus beschäftigen?

ERSTES KAPITEL

Weniger ist mehr

Das Schöne am Minimalismus ist, dass er, einmal ins Rollen gebracht, lauter positive Veränderungen nach sich zieht. Du beginnst damit, deinen Besitz und deinen Konsum zu überdenken. Je weniger Geld du für unnötige Dinge ausgibst, desto mehr kannst du sparen. Je weniger Geld du also benötigst, desto weniger musst du arbeiten. Je weniger du arbeiten musst, desto mehr Zeit hast du für dich, deine Hobbys, deine Mitmenschen. Je mehr Zeit du für die Dinge aufbringst, die dir am Herzen liegen, desto glücklicher wirst du. Minimalismus bringt aber noch viele weitere schöne Nebeneffekte mit sich. Jeder Gegenstand, den du weggibst, belastet dich nicht mehr. Du musst diesen Gegenstand nie wieder reinigen, instand halten oder bei einem Umzug ein- und wieder auspacken. Plötzlich hast du also nicht

nur viel mehr Freizeit, sondern auch viel mehr Platz. Vielleicht kannst du jetzt darüber nachdenken, in eine kleinere Wohnung zu ziehen – was wieder Geld spart – oder deinen Besitz in einen Lagerraum zu stellen und eine Weltreise zu machen.
Überflüssiger Besitz ist emotionaler Ballast. Er kettet uns an einen Ort, bindet uns an veraltete Einstellungen und Ideen. Sobald du beginnst, ihn loszulassen, wirst du dich automatisch freier fühlen.
Beim Minimalismus geht es nicht nur darum, Platz in deinem Zuhause zu schaffen. Es geht darum, Platz in deinem Kopf zu schaffen. Entrümpeln und Reduzieren ist erst der Anfang, das Trainingslager für eine minimalistische Einstellung und Lebensweise. Im Laufe des Entrümpelungsprozesses wirst du dich umsehen und erkennen, wovon es in deinem Leben zu viel gibt. Oft sind das:

Zu viele Ablenkungen

Alles in unserer Umgebung buhlt um unsere Aufmerksamkeit und wir sind bereit, sie großzügig zu verteilen. Unternehmen bombardieren uns mit Werbung, Medienanstalten mit Nachrichten, Soziale Netzwerke mit Updates und Statusmeldungen. Irgendwo dudelt immer Musik, Geräte piepen und blinken.

Zu hohe Anforderungen

Wir sind darauf trainiert, immer mehr zu wollen. Alles muss sich weiterentwickeln, besser werden, wachsen. Ununterbrochen befinden wir uns im Optimierungswahn, wollen abnehmen, aufhören zu rauchen/fernzusehen/im Internet zu surfen/Dinge aufzuschieben usw.

Zu viele Aufgaben

Wann hattest du zuletzt das Gefühl, dass du nichts tun musst? Gar nichts? Wahrscheinlich ist das lange her. Irgendetwas könnten wir immer erledigen. Wir fühlen uns schlecht, wenn wir mal ein paar Minuten ungenutzt verstreichen lassen. Ganz zu schweigen von einem ganzen Tag. Immer ist da diese Stimme im Hinterkopf: „Du musst ...", „Du solltest ..." Kaum etwas fürchten wir so sehr wie Zeitverschwendung.

Zu hohe Erwartungen

Etwas vom Leben zu erwarten, Ziele zu haben, ist nichts Schlechtes. Erst, wenn wir uns krampfhaft an unsere Erwartungen klammern, schaden sie uns. Wenn wir glauben, dass wir erst mit dem neuen Auto glücklich sind oder im Urlaub oder im eigenen Häuschen. So verschieben wir unser Glück auf die Zukunft und sind dann enttäuscht, wenn nicht sogar verzweifelt, sollte dieser Glückszustand nicht eintreffen.

Um herauszufinden, was dir schadet und womit du dein Leben füllen willst, kannst du lernen diese Gedanken bewusst wahrzunehmen. Frage dich immer wieder: „Bereichert diese Aktion/dieser Gegenstand/dieser Gedanke mein Leben oder belastet er mich?" Erst wenn du das weißt, kannst du dich für oder gegen etwas entscheiden und die Konsequenzen treffen. Das kannst du beim Entrümpeln sehr gut üben. Stell dir bei jedem Gegenstand diese Frage. Bald brauchst du nicht mehr lange grübeln, sondern weißt intuitiv, was dir gut tut und was du brauchst, um glücklich zu sein.

Mehr Zeit, mehr Geld, mehr Freiheit, mehr Glück

Was ein gutes Leben ausmacht, sieht jeder Mensch anders. Allerdings gibt es ein paar Bereiche, die viele Menschen wichtig finden und bei denen sie – trotz des allgegenwärtigen Überflusses – einen Mangel verspüren: Zeit, Geld, Freiheit und Glück. Wie kann dir der Minimalismus dabei helfen?

Mehr Zeit

Deine Zeit ist kostbar. Es ist deine einzige Ressource, die du niemals auffüllen kannst. Jede Sekunde, die verstreicht, ist verloren. Deshalb: Gehe sorgsam mit deiner Zeit um.

Leichter gesagt als getan. Stress ist eine Folge von Zeitmangel und eine Volkskrankheit. Wie oft hast du folgenden Satz schon gehört oder gesagt: „Ich habe keine Zeit." Stimmt das wirklich? Denn im Grunde genommen ist Zeit eine sehr gerechte Angelegenheit: Wir alle bekommen jeden Tag aufs Neue 24 Stunden geschenkt, mit denen wir machen können, was wir wollen. Theoretisch. Praktisch entscheiden wir nur über einen Bruchteil unserer Zeit selber. Das meiste reißen sich Arbeitgeber, Medien, Werbeprofis und andere Menschen unter den Nagel. Glaubst du nicht? Dann schreib doch mal eine Woche lang detailliert auf, was du den ganzen Tag über machst. Wohin verschwindet die Zeit, die du nicht hast? Wahrscheinlich wirst du über das Ergebnis erstaunt sein.

Diese Hoheit über deine Lebenszeit solltest du dir schleunigst zurückholen, denn wie schon gesagt: Ist

deine Zeit einmal verloren, ist sie weg. Du kannst sie nicht wieder auffüllen. Das Einzige, was du tun kannst, ist sie richtig zu nutzen.
Wenn du dich darauf einlässt und die Frage nach dem guten Leben für dich beantworten willst, wirst du irgendwann eine Ahnung davon bekommen, was wirklich wichtig für dich ist. Und genau damit solltest du deine Zeit füllen. Schreibe diese Dinge auf und versuche, dich mehr um sie zu kümmern. Bei vielen Menschen stehen Familie und Freunde ganz oben auf dieser Liste, außerdem die eigene Gesundheit sowie berufliche Ziele. Vergib die Plätze auf deiner Liste nicht allzu großzügig. Streiche anschließend noch einmal alles, wofür dein Herz nicht wirklich brennt.
Nun weißt du, was du mit den 24 Stunden am Tag anfangen willst, aber noch immer fragst du dich, woher du die Zeit dafür nehmen sollst? Ganz einfach: Indem du sie woanders einsparst. Bei den Dingen, die überflüssig sind und dich weder glücklich machen noch weiterbringen. Viele Menschen finden, dass Fernsehen sie nicht weiterbringt. Wenn man überlegt, dass der Durchschnittsdeutsche 221 Minuten, also 3 Stunden und 41 Minuten am Tag vor der Flimmerkiste verbringt, ist das doch ein guter Anfang: Wie wäre es, wenn du den Fernseher einfach ausschaltest? Zunächst nur einen Tag, dann eine Woche, einen Monat. Mach eine Bildschirm-Diät. Später kannst du dir einen festen Tag in der Woche reservieren, an dem du den Stecker aller deiner Geräte ziehst.
Vielleicht erkennst du aber auch, dass ein bestimmtes Hobby dich nicht glücklich macht und du es nur aus Gewohnheit weiter betreibst. Dann sei

mutig und gib es auf. Oder du erkennst, dass du mit deinem Job nicht zufrieden bist. Dann ändere das. Möglicherweise merkst du auch, dass dich bestimmte Menschen herunterziehen. Dann hör auf, dich mit ihnen zu treffen.
Hast du dir endlich Zeit freigeschaufelt, verplane sie nicht sofort wieder komplett. Viele Menschen hetzen jeden Tag von Termin zu Termin und organisieren sogar ihre Freizeit so, dass sie keine freie Minute mehr haben. Ich weiß nicht, was diese Menschen damit bezwecken wollen. Vielleicht fürchten sie sich vor der Ruhe, weil sie dann in sich hineinhören müssten. Vielleicht macht ihnen Langeweile Angst. Lass dich von der dauernden Beschleunigung nicht anstecken. Deine Freizeit darf in den Augen der Anderen langweilig sein, solange du sie genießt. Die wichtigste Zeit in deinem Leben ist die, die du mit dir alleine verbringst, denn nur so lernst du dich selber kennen.
Lerne, bewusst zu leben. Wie oft bist du wirklich mit all deinen Gedanken im Hier und Jetzt? Versuche es. Leg dieses Buch für eine Minute zur Seiteund konzentriere dich auf deinen Körper und deine Umgebung. Fertig? Es ist alles andere als einfach, oder? Ständig rasen Gedanken durch unseren Kopf. So bekommen wir manchmal gar nicht mit, was um uns herum passiert. Übe dich in Achtsamkeit. Halte eine Minute inne und konzentriere dich auf deinen Atem, vielleicht dehnst du diese Minute sogar zu einer Meditation aus. Führe Handlungen bewusst aus. Höre deinen Mitmenschen aktiv zu. Such dir ein Hobby, bei dem du dich konzentrieren musst. Auch das holt dich in die Gegenwart zurück, weil du voll fokussiert keine Zeit hast, zu grübeln. Vor allem:

Vermeide Ablenkungen und konzentriere dich nur auf eine Sache. Das Ergebnis deiner Mühen: Du erlebst den Moment viel intensiver. Deine Zeit wird kostbarer.

Mehr Geld

Ohne geht es nicht. Wir fühlen uns sicher, wenn genug davon da ist. Mit Geld verbindet uns oft eine seltsame Beziehung: Wir lieben es, wenn es da ist, und hassen es, wenn es uns fehlt. Geld weckt in uns die schlimmsten Seiten. Einige Menschen sind sogar bereit, für Geld zu morden. Du siehst, Geld an sich ist nichts, was man verehren sollte. Sieh es als Mittel zum Zweck, so nimmst du ihm seine Macht.

Dennoch ist es schön, immer genügend Geld zu besitzen. Das gibt uns Sicherheit. Genügend bedeutet, dass du mindestens genauso viel einnimmst, wie du ausgibst. Wenn dieses Verhältnis bei dir aus der Balance geraten ist, hast du zwei Möglichkeiten: Entweder du verdienst mehr, oder du gibst weniger aus. Ich finde es komisch, dass für viele Menschen offenbar nur die erste Option existiert. Am besten drehst du an beiden Schrauben.

Da du als Minimalist weniger Wert auf Konsumgegenstände legst, sparst du automatisch. Wenn das nicht reicht, sieh dir deine laufenden Kosten doch mal genauer an. Welche Versicherungen kannst du kündigen, welche Mitgliedschaften aufgeben, welche Abzahlungen einstellen? Vielleicht kannst du jetzt, wo du weniger Dinge besitzt, sogar in eine kleinere Wohnung umziehen oder dein Auto verkaufen.

Mach mehr selber. Angefangen beim Brot bis hin zur Kleidung: Wenn du Spaß daran hast, mit deinen

Händen zu arbeiten, probiere es aus. In vielen Fällen kannst du sehr viel Geld sparen, wenn du Dinge nicht fertig im Geschäft kaufst, sondern sie selber herstellst. Die Fähigkeiten, die du dir so aneignest, kann dir jedenfalls niemand wieder nehmen.

Verkaufe etwas. Was du nicht brauchst, was aber noch gut ist, kannst du versuchen zu Geld zu machen. Mit ein bisschen Übung wirst du ein richtiger Verkaufs-Profi und höhere Preise erzielen, als zu Anfang. Wenn du nichts besitzt, was noch etwas wert ist, biete doch deinen Nachbarn und Freunden an, ihr Gerümpel für sie zu verkaufen, und behalte eine kleine Provision.

Biete eine Dienstleistung an. Jeder Mensch hat Fähigkeiten, die anderen helfen können. Du sicherlich auch. Vielleicht kannst du Dinge reparieren, gut kochen, anderen die Haare schneiden oder du kennst dich mit Hunden aus und weißt, wie man sie erzieht? Kennst du jemanden mit einem Problem, das du lösen kannst? Gut, dann biete deine Hilfe an. Die meisten Menschen geben von sich aus eine Kleinigkeit, weil sie nicht in der Schuld eines Anderen stehen wollen. Wenn das nicht der Fall ist, kannst du entweder nach der Bezahlung fragen oder du siehst deine Hilfe einfach als gute Tat. Das füllt zwar nicht dein Konto, ist aber gut fürs Gemüt.

Das alles hilft dir dabei, deine Finanzen ins Gleichgewicht zu bringen, so dass du dir in Zukunft weniger Gedanken ums Geld machen musst. Und das ist ein Schritt hin zu mehr Freiheit und mehr Glück.

Mehr Freiheit

Besitz kann sich anfühlen wie ein Klotz am Bein. Er hindert dich daran, dich frei zu bewegen. Besonders deutlich merken wir das bei Umzügen oder Reisen. Wer hat sich beim Kistenpacken nicht schon mal geärgert, dass er den ganzen Kram so lange behalten hat? Und wer träumt nicht davon, nur mit einem Rucksack auf Reisen zu gehen, anstatt einen schweren Koffer mit sich herumzuschleppen? Manche Menschen brauchen diese Weckrufe, um sich mit ihrem Besitz auseinanderzusetzen.

Philipp, den du am Ende des Buches noch kennenlernen wirst, träumte seit seiner Kindheit davon, autark und mobil zu sein. Irgendwann merkte er, dass ihn zu viel Besitz daran hinderte, sein Fernweh zu stillen. Heute lebt er leicht, reist viel und erkundet die Welt.

Die Freiheit, die dir Minimalismus bringt, beschränkt sich aber nicht nur auf die Freiheit jederzeit umziehen, verreisen oder sogar auswandern zu können. Du befreist dich damit auch ein Stück weit von den Fesseln der Konsumgesellschaft: Immer weiter, immer besser, immer mehr. Ab heute bist du frei zu entscheiden, womit du deine Zeit füllen willst, wie du leben willst, wofür du dein Geld ausgeben willst. Du entscheidest, wie dein Leben aussehen soll, indem du loslässt, was dich zurückhält.

Mehr Glück

Was ist Glück? Für jeden Menschen etwas anderes. Ich weiß nicht, wie du dir Glück vorstellst. Ich träume von einem sorgenfreien Leben, mit viel Zeit, die ich mit meinen Liebsten verbringe, und einem Beruf, mit dem ich die Welt ein wenig besser machen kann.

Statt von Glück sollten wir viel öfter von Zufriedenheit reden. Unter Glück verstehen viele Menschen nämlich überragende, einzigartige Momente. Den ersten Kuss. Die Geburt eines Kindes. Einen Fallschirmsprung. Die Übergabe der Abiturzeugnisse. Glück macht high und ist nicht alltäglich. Zufriedenheit hingegen ist ein dauerhafter Zustand. Beides schließt sich nicht gegenseitig aus. Du kannst nach beidem streben: außergewöhnlichen Glücksmomenten und alltäglicher Zufriedenheit.

Auch das Glück folgt dem Minimalismus meist auf dem Fuße. Und auch hier kannst du nachhelfen. Glück ist nämlich Einstellungssache.

Vielleicht hast du in der Schule mal von René Descartes gehört, einem französischen Philosophen des 17. Jahrhunderts. Descartes berühmteste Erkenntnis lautet: „Ich denke, also bin ich" (richtig übersetzt „ich zweifle, also bin ich"). Er ging davon aus, dass sich die Welt und unsere Wahrnehmung von ihr unterscheiden. Was wir glauben zu sehen, zu fühlen, zu hören, zu schmecken und zu riechen, muss nicht unbedingt der Realität entsprechen. Er ging sogar so weit zu überlegen, dass es keine Welt gibt und alles nur in unserem Kopf geschieht. Das Einzige, was er nach langem Hin- und Herdenken als real akzeptierte, war unser Bewusstsein. Und so entstand sein berühmter Satz: „Ich denke, also bin ich."

Descartes Idee, dass wir die Realität ändern können, indem wir sie anders betrachten, ist ein mächtiges Werkzeug. Psychologen nennen das Reframing. Dabei werden Eindrücke einfach in einen anderen Kontext gesetzt. Du kannst zwar die Welt nicht ändern, aber deine Sicht auf sie.

Der einfachste Weg dorthin: Sei dankbar. Freue dich über das, was du hast, anstatt dich über das zu ärgern, was dir fehlt. Du hast ein Dach über dem Kopf, genug zu essen, bist hoffentlich gesund. Damit kannst du schon ein Stück weit zufrieden sein, denn vielen Menschen auf der Welt fehlen diese Dinge. Baue Dankbarkeit in deinen Alltag ein. Überlege dir, was dich an einem ganz normalen Tag glücklich macht. Vielleicht ein gutes Buch? Ein nettes Gespräch? Ein leckeres Essen? Ein guter Witz? Wenn du deinen Hund streichelst? Wenn dein Kind lächelt? Dass die Sonne scheint? Konzentriere dich auf diese Momente. Ich könnte auch einfach sagen: Erkenne die schönen Seiten des Lebens. Halte zwischendurch inne und überlege, worüber du dich freuen kannst, was gut ist an deinem Leben, an dem heutigen Tag. Wenn du magst, kannst du ein Dankbarkeits-Tagebuch führen, in das du jeden Abend ein paar Zeilen einträgst.
Übe das Loslassen. Besonders das Loslassen von Erwartungen, guten wie schlechten. Wie das geht, möchte ich mit einem Beispiel verdeutlichen: Du planst ein Wochenende in Paris mit deinem Partner/deiner Partnerin. Diese Reise steht schon seit Monaten fest und du freust dich. Du hast dir schon überlegt, welche Sehenswürdigkeiten du besichtigen möchtest und dir alles im Detail ausgemalt. Abends esst ihr in einem romantischen Restaurant Schnecken in Kräutersauce und geht danach noch auf den Champs-Élysées spazieren. Dann fahrt ihr tatsächlich los und alles ist anders, als du es dir erträumt hast: Das Hotelzimmer ist dreckig, die Mona Lisa winzig, auf dem Eiffelturm zieht es, Schnecken schmecken ekelig und als ihr die

Champs-Élysées entlangwandert, regnet es. Du bist rundum enttäuscht. Wärst du diese Reise ohne große Erwartungen angegangen, hättest du dich vielleicht von deinem Gefühl leiten lassen, die Mona Lisa links liegen gelassen, stattdessen eine unscheinbare, aber wunderschöne Kirche besichtigt. Danach hättet ihr ein paar Snacks in einem Steh-Imbiss verdrückt, wo euch zwei Austauschstudenten aus Australien angesprochen und zu einer Party in den Katakomben der Stadt eingeladen hätten. Am Sonntag wärst du nach Hause gefahren und hättest dich über drei spannende Tage und viele neue Freunde gefreut.

Das Loslassen von Erwartungen hilft dir dort Schönes zu finden, wo du mit dem Schlimmsten gerechnet hast und Erfahrungen zu genießen, die nicht deinen Vorstellungen entsprechen. Im Großen wie im Kleinen. Das Loslassen übst du beim Entrümpeln. Übertrage es nach und nach auf andere Bereiche deines Lebens und du wirst sehen, dass Glück und Zufriedenheit in deiner Hand liegen.

Ein gutes Buch zu diesem Thema stammt von Leo Babauta: „Loslassen: Erlerne die Kunst, die dein Leben verändert".

ZWEITES KAPITEL

Entrümpeln für Anfänger

Meistens können es frisch infizierte Minimalisten nicht abwarten, ihr Umfeld endlich von Überflüssigem zu befreien, fühlen sich von dieser Mammut-Aufgabe jedoch völlig überfordert. Besitz, der sich über Jahre anhäuft, kannst du nicht innerhalb kurzer Zeit loswerden. Es sei denn, du beauftragst ein Entrümpelungsunternehmen. Wenn das Sammeln von Dingen bei dir über das gesunde Maß hinaus geht und du unter deiner Unordnung bereits gesundheitlich leidest, solltest du dir professionelle Hilfe holen. Ansonsten: Lass es ruhig langsam angehen. Das Ausmisten ist ein Prozess und eine Reise zu dir selbst. Erlebe das bewusst und genieße deine Fortschritte. Den leichtesten Einstieg in den Minimalismus schaffst du mit diesen kleinen Übungen.

Trenne dich jeden Tag von einem Gegenstand.

So wird das Weggeben für dich zu einer Gewohnheit. Wenn dir das nicht schnell genug geht, nimm dir jeden Tag 10 Teile vor. Leg die Gegenstände außer Reichweite, bis du sie endgültig aus deiner Wohnung verbannst.

Entrümpele zunächst eine Schublade oder ein Regalbrett.

In jedem Haushalt gibt es eine Schublade, in der heimatloser Krimskrams landet. Fang am besten mit dieser Schublade an. Leere sie komplett aus und entscheide bewusst, welche Gegenstände du behalten möchtest. Die legst du zurück in die Schublade. Alles andere gibst oder wirfst du sofort weg. Das reicht für einen Tag. Morgen kannst du dir ein Regalbrett vornehmen, danach vielleicht einen kleinen Schrank. So entrümpelst du nach und nach deine gesamte Wohnung.

Kaufe nichts.

Du willst weniger Besitz anhäufen, dann kaufe nichts mehr. Frage dich vor jedem Kauf, ob du den Gegenstand wirklich brauchst. Wenn dein Bauch und dein Verstand Ja sagen, schreib das Teil auf eine Liste und warte einen Monat. Deine Besitztümer verringern sich automatisch, denn irgendwann nutzen sich viele Dinge ab oder werden aufgebraucht. Wenn du dann nichts nachkaufst, verkleinert sich dein Besitz von ganz alleine.

Es ist gut möglich, dass dich beim Entrümpeln immer wieder ein Trennungsschmerz trifft. Du nimmst einen Gegenstand in die Hand und willst ihn plötzlich gar nicht mehr loswerden. Was du siehst, ist der Verlust. Das Weggeben fällt dir in diesem Moment viel leichter, wenn du die Perspektive wechselst: Konzentriere dich nicht auf die Dinge, von denen du dich trennst, sondern auf diejenigen, die du behalten willst. Dadurch, dass du Überflüssiges entfernst, bringst du den verbleibenden Gegenständen eine ganz besondere Wertschätzung entgegen. Ganz konkret kannst du diesen psychologischen Trick nutzen, indem du alle Gegenstände aus einem Raum oder einem Regal in eine Kiste packst und nur diejenigen wieder herausnimmst, die du behalten möchtest. Bring die Kiste danach schnell weg. Aus den Augen, aus dem Sinn, ist beim Entrümpeln eine wichtige Weisheit.

Warum wir uns manchmal so schlecht von Gegenständen trennen können

Im Laufe des Entrümpelungsprozesses wirst du häufig auf das Problem treffen, dass du dich von bestimmten Gegenständen einfach nicht trennen kannst, obwohl sie ganz offensichtlich nutzlos und überflüssig sind. Meist ist einer dieser drei Gedanken daran schuld (fülle einfach die Leerstellen aus):

1. ___ habe ich von ___ geschenkt bekommen und ich möchte seine/ihre Gefühle nicht verletzen.

2. ___ erinnert mich an ___.

3. Ich möchte ___ nicht weggeben, weil es teuer war/weil ich es irgendwann noch mal gebrauchen kann.

Kommt dir das bekannt vor? Nicht immer ist uns klar, was für Bedenken uns beim Entrümpeln zurückhalten. Doch wenn du sie kennst, hast du schon halb gewonnen.

Geschenke

Meist geht es beim Schenken weniger um den Gegenstand als um die Geste. Deshalb freuen wir uns über Blumen oder Schokolade, obwohl wir uns beides problemlos selber kaufen könnten. Jemanden zu beschenken bedeutet, dass man denjenigen wertschätzt. Das Geschenk an sich gerät deshalb meist schnell in Vergessenheit. Zum Glück. Wenn du also einen Gegenstand geschenkt bekommst, den du nicht brauchst, leg ihn zur Seite und warte ab. Lass Gras darüber wachsen. Vielleicht findest du bald schon jemanden, der sich darüber mehr freut, als du. Weiterschenken muss natürlich dezent geschehen. Die Person, die dir das Geschenk gemacht hat, sollte davon nichts mitbekommen. Am besten schreibst du dir auf, wann du das Teil von wem bekommen hast, damit du das Geschenk nicht zufällig wieder zurückgibst. Wenn dich die Person irgendwann fragen sollte, was mit dem Gegenstand passiert ist, sei ehrlich. Erkläre ihr, dass du dich sehr gefreut hast, aber das Geschenk nicht gebrauchen konntest. Sag, was mit dem Geschenk passiert ist. Deine Ehrlichkeit wird dir niemand übel nehmen.

Da Geschenke immer eine soziale Bedeutung haben, ist es nicht leicht, sich dieser Tradition zu verweigern. Die Idee dahinter, nämlich jemandem eine Freude machen zu wollen und demjenigen seine Wertschätzung zu zeigen, ist etwas Schönes. Nur leider geht das Schenken oft mit dem Austausch von nutzlosen Gegenständen einher. Wenn du verkündest, zukünftig keine Geschenke mehr zu wollen, stößt du deinen Mitmenschen möglicherweise vor den Kopf. Besser wäre es, wenn du dir einen Ersatz für die üblichen Geschenke überlegst. Du könntest vorschlagen, dass ihr gemeinsam etwas unternehmt (Inspirationen dazu findest du unter www.zeit-statt-zeug.de), dass ihr euch bei etwas helft, etwa der Gartenarbeit, dass ihr euch gegenseitig etwas beibringt oder einander eine andere Freude macht. Sich Zeit für den anderen zu nehmen, ist das schönste Geschenk, das du jemandem machen kannst. Es dauert sicherlich, die Gewohnheit, dass Geschenke immer etwas Materielles sein müssen, zu durchbrechen. Aber es lohnt sich.

Souvenirs und Erbstücke

Es ist eine weit verbreitete Tradition, sich mithilfe von Gegenständen an schöne Momente zu erinnern. Allerdings liegt dem ein Missverständnis zugrunde: Die Erinnerung ist in unseren Köpfen gespeichert, nicht in einem Gegenstand. Das Andenken an liebe Menschen behalten wir in unserem Herzen, dafür brauchen wir keine geerbten Tassen oder Schmuckstücke. Der Gegenstand dient nur als Erinnerungshilfe. Deshalb reicht es vollkommen aus, wenn du ihn fotografierst und dann weggibst. Der Anblick des Fotos hat denselben Effekt.

Erinnerungen stecken nicht nur in Souvenirs und Erbstücken, sondern auch in selbstgemachten Dingen. Das sind dann die Erinnerungen an den Herstellungsprozess. Wenn du beispielsweise gerne strickst, weißt du, dass in einem Pullover viele Stunden Arbeit und viel Freude stecken. Das möchtest du natürlich nicht leichtfertig weggeben. Betrachte selbstgemachte Gegenstände doch mal mit den Augen eines Fremden: So schön ist dein erster selbstgestrickter Pullover nun wirklich nicht, oder? Würde ihn jemand anziehen? Wahrscheinlich nicht. Beim zweiten, dritten und zehnten Pullover sieht das sicherlich schon ganz anders aus.

Wert

Wir halten Dinge, die wir besitzen, für wertvoller, als sie objektiv sind. Das ist der sogenannte Besitztums-

oder Endowment-Effekt. Da hilft nur der Realitäts-Check: Versuche deine Sachen zu verkaufen. Aber Vorsicht: Beharre nicht stur auf deinem Wunschpreis, sondern akzeptiere eine Summe, die die Käufer bereit sind zu zahlen. Am besten geht das auf Versteigerungsportalen wie Ebay. Wenn du wirklich glaubst, dass du einen kleinen Schatz besitzt, frag vor dem Verkauf einen Experten.

Dass du einen Gegenstand irgendwann vielleicht noch mal gebrauchen kannst, ist wirklich unwahrscheinlich. Du hast ihn ja in der Vergangenheit auch selten oder sogar niemals benutzt. Tritt der befürchtete Ernstfall dennoch ein, kannst du das Teil wahrscheinlich problemlos neu kaufen oder leihen. Der zuvor gewonnene freie Platz ist viel mehr wert, als du dann eventuell ausgeben wirst. Sei mutig und trenne dich von dem Gegenstand. Du wirst merken, dass es nicht schlimm ist und beim nächsten Mal fällt dir das Loslassen schon viel leichter.

Wohin mit den aussortierten Sachen?

Besitz verpflichtet. Selbst dann noch, wenn man ihn loswerden will. Ich finde es wichtig, dass man mit aussortierten Gegenständen verantwortungsvoll umgeht. Das bedeutet zum Beispiel, dass man nicht achtlos Dinge wegwirft, die jemand anderes noch gebrauchen könnte. Der Mülleimer ist meist die einfachste Lösung beim Entrümpeln, doch er sollte nicht das Mittel deiner Wahl sein. Denn es gibt viele Möglichkeiten, ungewollten Kram sinnvoll loszuwerden.

Verschenken

Es ist schön, wenn du anderen Menschen mit Geschenken eine Freude machen kannst. Wenn du etwas aussortierst, überlege zunächst, ob jemand in deinem Bekanntenkreis diesen Gegenstand gebrauchen kann. Es kann passieren, dass dich dein schlechtes Gewissen dazu verleitet, dem anderen den Gegenstand aufzuschwatzen. Besonders bei sparsamen Menschen triffst du damit einen Nerv. Er oder sie denkt womöglich „Das könnte ich bestimmt noch gebrauchen, und außerdem ist es umsonst", und nimmt den Gegenstand nur aus diesem Grund. Wenn du weißt, dass eine Person zum Sammeln neigt, biete ihr besser nichts von deinem aussortierten Kram an.

Eine gute Möglichkeit, viele Abnehmer für aussortierte Gegenstände zu finden, ist eine

Verschenkparty: Jeder bringt mit, was er nicht mehr braucht, und kann mitnehmen, was ihm gefällt. Besorge ein paar Snacks und Getränke, schließlich ist das eine Party. Natürlich muss am Ende jeder seine Gegenstände, die niemand haben wollte, wieder mitnehmen.

Du kannst eine Kleinanzeige mit dem Betreff „Zu verschenken" schalten, in der Tageszeitung oder dem Wochenblatt, an einer Pinnwand oder auf Anzeigenportalen wie Ebay Kleinanzeigen.

Wenn du in einem Mehrfamilienhaus oder in einer Straße mit vielen Wohnhäusern und Passanten lebst, kannst du eine Kiste mit dem Hinweis „Zu verschenken" an den Straßenrand oder in den Hausflur stellen. Hier gilt: Sind die Gegenstände nach einer gewissen Zeit nicht verschwunden, nimm sie wieder mit.

Eine Leserin meines Blogs schrieb mir, dass sie manchmal Dinge an öffentlichen Orten liegenlässt, etwa Bücher in der Mensa der Universität oder Schmuckstücke auf der Damentoilette, natürlich auch mit einem „Zu verschenken"-Schild versehen. Der Finder freut sich über dieses kleine Geschenk und du wirst deine Sachen auf diese Weise schnell und unkompliziert los.

Verschenken macht glücklich, es ist einfach und man tut etwas Gutes. Deshalb ist Verschenken für Minimalisten immer die erste Wahl.

Spenden

Eine andere Form des Verschenkens ist das Spenden. Spenden kannst du fast alles, du musst nur wissen wo.

- **Sozialkaufhäuser und Oxfam-Shops:** Nehmen gebrauchte aber intakte Gegenstände entgegen. Solche Läden gibt es in fast jeder großen Stadt. Die Adressen kannst du unter www.oxfam.de/shops nachschauen oder gib bei Google den Begriff „Sozialkaufhaus" zusammen mit deiner Stadt ein. Das Schöne an dieser Art der Spende ist, dass deine aussortierten Schätze so bedürftigen Menschen aus deiner Nachbarschaft zugutekommen.

- **Altkleidercontainer:** Stehen auch in jeder Stadt. Allerdings solltest du hier vorsichtig sein: Nicht jeder Sammler tut mit deinen Spenden Gutes. Wenn du sichergehen willst, sieh dir den Container vorher genau an: Findest du eine Telefonnummer, vielleicht sogar eine Internetadresse? Recherchiere die Organisation. Im Zweifelsfall such lieber nach einer anderen Tonne. Mehr Informationen zu Altkleidersammlungen und seriösen Abnehmern findest du auf www.fairwerten.de.

- **Second-Hand-Läden und Trödelsammlungen:** Nehmen nur Gegenstände, die sich noch verkaufen lassen. Frag nach, was mit dem Geld passiert. Soll es nur die Taschen des Verkäufers füllen? Oder kommt der Erlös einem karitativen Zweck zugute? Umso besser. Schneller wirst du besonders Dekogegenstände, Nippes, Erbstücke und Möbel nicht los.

- **Büchereien:** Manche Büchereien freuen sich über Bücherspenden. Da sie oft nur einen beschränkten Platz zur Verfügung haben, sind sie wählerisch. Dennoch: So machen deine alten Bücher noch vielen Menschen eine Freude.

- **Offene Bücherschränke:** Sind eine tolle Idee und werden immer beliebter. Manche Bücherschränke verkommen allerdings mehr und mehr zu Altpapiersammlungen. Kaputte oder total veraltete Bücher solltest du dort nicht abladen, sondern lieber in den Papiermüll geben.

- **Kostnix-Läden und Give-Boxen:** Dort kannst du Dinge abgeben aber auch kostenlos mitnehmen. Noch sind solche Läden bzw. Boxen selten. Besonders bei Give-Boxen gilt die Regel, dass Gegenstände, die niemand will, nach einem gewissen Zeitraum wieder abgeholt werden müssen.

- **Sozialaktiengesellschaft:** Eine interessante Möglichkeit, wenn es kein Sozialkaufhaus in deiner Nähe gibt, ist die Sozialaktiengesellschaft. Dort kannst du gut erhaltene Gegenstände kostenlos hinschicken und auf Ebay versteigern lassen. Der Erlös wird an einen gemeinnützigen Verein deiner Wahl gespendet. Mehr Informationen findest du auf der Homepage: www.sozialaktiengesellschaft.de.

Verkaufen

Angeblich schlummern in jedem Haushalt ungenutzte Gegenstände im Wert von 1000 Euro. Wenn das mal kein Ansporn ist, den aussortierten Krempel zu Geld zu machen! Allerdings: Der Verkauf von gebrauchten Dingen ist mühsam und nur selten erzielt man den Preis, den man sich wünscht. Ganz zu schweigen vom Neupreis: Sobald du etwas zum ersten Mal benutzt oder nur aus der Verpackung nimmst, verliert es an Wert. Versprich dir also nicht zu viel vom Verkaufen.

- **Ebay:** Mit ein bisschen Übung ist eine Verkaufsanzeige hier schnell gestaltet und geschaltet. Achte auf gute Fotos, detaillierte Beschreibungen und die passende Kategorie. Schreibe ruhig, wie du den Gegenstand bekommen hast und warum du ihn nun verkaufen willst. Das schafft Vertrauen. Besonders leicht und gewinnbringend lassen sich bei Ebay gut erhaltene Markenartikel und Einzelstücke verkaufen. Je neuer und unbenutzter, desto besser. Damit du dich nicht verzettelst, kannst du dir vorher ein Limit setzen: Alles, das beispielsweise nicht mindestens 10 Euro bringen wird, verschenkst oder spendest du, anstatt es zu verkaufen.

- **Amazon:** Bücher, Filme, Spiele und CDs lassen sich gut über Amazon verkaufen. Der Vorteil gegenüber Ebay ist, dass du keine Beschreibung und kein Foto hinzufügen musst, denn dein Angebot wird auf der Seite der Neuware angezeigt. Wenn du deinen Artikel auf jeden Fall loswerden willst, biete ihn für den günstigsten Preis an. Auch hier musst du schnell reagieren und dich um einen reibungslosen Versand kümmern. Überlege deshalb vorher bei jedem Teil, ob sich der Aufwand lohnt.

- **Momox, Rebuy, Booklooker und Co.:** Diese Ankaufportale werben mit schnellen und unkomplizierten Ankäufen. Gerade wenn du viele Bücher, CDs, Filme oder Spiele auf einmal loswerden willst, lohnt sich dieser Weg. Portofrei werden Pakete meist erst ab einem bestimmten Verkaufswert angenommen. Du bekommst hier jedoch für das einzelne Teil weniger Geld als bei Ebay oder Amazon. Kleiner Tipp: Fach- und Sachbücher bringen besonders hohe Erlöse, Romane nehmen nur Platz weg im Karton.

- **Textil-Ankauf.de:** Angenommen werden hier gut erhaltene Textilien. Du gibst auf einem Formular auf der Homepage an, was du in das Paket legst. Ab einem gewissen Ankaufswert und Gewicht übernimmt der Ankäufer das Porto. Als Verpackung haben sich Umzugskartons bewährt. Reich wird man damit nicht. Für so ein Paket bekommst du selten mehr als 15 Euro. Trotzdem wirst du schnell und unkompliziert große Mengen Klamotten und Heimtextilien wie Handtücher, Bettwäsche und Gardinen los.

- **Kleinanzeigen:** Eignen sich besonders für sperrige Gegenstände wie Möbel oder Fahrräder. Du musst damit rechnen, dass sich nicht sofort ein Käufer meldet. Wenn du schnell etwas loswerden willst, bist du hier also an der falschen Adresse.

- **Garagenverkäufe/Flohmärkte:** Such dir ein paar Mitstreiter und veranstalte entweder einen privaten Flohmarkt oder fahr zu einem öffentlichen. Das erfordert natürlich einen gewissen organisatorischen Aufwand. Wenn du nicht alle deine Schätze für den gewünschten Preis loswirst, kannst du am Ende einfach alles für ein paar Cent verkaufen oder sogar verschenken. Hauptsache, du nimmst nichts wieder mit nach Hause.

- **Kleiderkreisel:** Dieses Portal bietet, neben dem Verkaufen auch die Möglichkeit Kleidungsstücke und Accessoires zu tauschen.

- **Wegwerfen** sollte die letzte Lösung beim Entrümpeln sein. Ausnahme: Kaputte Gegenstände, die man nicht reparieren kann. Entscheidest du dich dafür, etwas zu reparieren, setz dir am besten eine Frist. Steht die alte Kaffeemaschine stattdessen monatelang irgendwo herum, wirf sie lieber weg.

DRITTES KAPITEL

Raum für Raum

In den folgenden Kapiteln helfe ich dir dabei, deine Wohnung oder dein Haus Raum für Raum zu entrümpeln. Ob du dir dafür eine Woche frei nimmst oder immer mal wieder einen Nachmittag für das Entrümpeln aufbringst, ist egal. Hauptsache, du fängst an.

Vorbereitung

Bevor du mit deiner Entrümpelungsaktion beginnst, kannst du mit einer Kamera durch alle Räume gehen und sie fotografieren. Sieh dir die Bilder anschließend aus der Perspektive eines Besuchers an: Welche Ecken sehen besonders unordentlich aus? Wo liegen viele heimatlose Gegenstände herum? Welcher Raum wirkt gemütlich, welcher

nicht? Woran liegt das? Was kannst du in diesem Raum verändern, damit du dich darin wohlfühlst? Notiere dir deine Gedanken und greife später immer mal wieder darauf zurück. Diese Fotos eignen sich auch gut, um deine Fortschritte zu dokumentieren.
Nun besorgst du dir noch ein paar stabile Mülltüten, einige Kartons und eventuell Putzmittel, mit denen du die leeren Regale und Schubladen bei dieser Gelegenheit reinigen kannst. In die Tüten packst du alle Gegenstände, die nur noch in den Müll gehören. Die Kisten füllst du mit den Teilen, die du entweder spenden bzw. verkaufen willst oder bei denen du dich noch nicht dazu durchringen kannst, sie wegzugeben.
Nach jedem Ausmisten bringst du den Inhalt der Tüten und Kartons so schnell wie möglich an seinen Bestimmungsort. Willst du etwas wegwerfen, tu es am besten sofort. Gegenstände, die du spenden möchtest, legst du beispielsweise ins Auto oder neben die Haustür, damit du sie bei der nächsten Fahrt nicht vergisst. Die „Vielleicht"-Kiste mit Gegenständen, von denen du dich noch nicht trennen kannst, bringst du in den Raum, den du als vorläufigen Speicher vorgesehen hast. Notiere das Datum auf der Kiste. Hast du die Kiste nach einem Jahr nicht geöffnet, kannst du ihren Inhalt bedenkenlos spenden oder entsorgen.

Der Flur: Vorhof zum Chaos

Starte deine Entrümpelungsaktion im Flur. Zum einen, weil dies der Raum ist, durch den alle Gegenstände in deine Wohnung hinein- oder wieder hinausgehen. Zum anderen, weil es hier für gewöhnlich nicht allzu viele Lagermöglichkeiten gibt und das Ausmisten daher schnell erledigt ist.

Schuhe und Jacken

Im Flur rüsten wir uns für die Außenwelt. Dementsprechend lagern die meisten Menschen hier ihre Jacken, Schals, Regenschirme und Schuhe. Diese Gegenstände nehmen auch den meisten Platz ein. Nimm dir jede Kategorie einzeln vor. Breite alle Jacken auf dem Boden aus und frage dich: Welche davon ziehe ich noch regelmäßig, also mindestens einmal im Jahr, an? Welche habe ich doppelt oder in ähnlicher Ausführung? Welche passt nicht mehr? Stell diese Fragen auch den anderen Mitgliedern deines Haushalts. Bitte sie darum, für momentan nicht getragene Jacken und Mäntel einen anderen Aufbewahrungsort zu finden. Nicht-saisonale Stücke kannst du zum Beispiel in einem anderen Raum, beispielsweise auf dem Dachboden, aufbewahren. Natürlich trocken verpackt. Genauso verfährst du mit den Schuhen und den Accessoires.

Schlüsselbrett und Pinnwand

Befinden sich oft im Flur bzw. in der Diele. Geh hier ruhig ins Detail, sprich: Entrümpele auch deinen Schlüsselbund. Dort sammeln sich mit der Zeit überflüssige Schlüssel und Anhänger. Jedes Gramm, das du nicht mit dir herumtragen musst, ist ein Gewinn. Sieh deine Taschen durch. Werfe weg, was du nicht regelmäßig benötigst.

Pinnwände
Das sind wahre Krimskrams-Magnete. Hier sammeln wir gerne Quittungen, Postkarten, Fotos, Gutscheine, Bestell-Karten und viele weitere Papiere, für die wir keinen festen Aufbewahrungsort haben. Nimm alle Papiere von der Pinnwand und sortiere sie. Quittungen, die du noch für die Steuerklärung brauchst, legst du in den Eingangskorb im Büro oder heftest sie ab. Speisekarten vom Pizza-Service scannst du ein und wirfst sie weg. Meistens veröffentlichen Restaurants ihre Speisekarten sowieso auf ihrer Homepage, das Einscannen kannst du dir also höchstwahrscheinlich sogar sparen. Fotos rahmst du ein, klebst sie in ein Fotoalbum oder scannst sie ebenfalls ein und wirfst den Papierabzug in den Müll. Gutscheine sammelst du in einer eigenen Mappe. Wie oft warst du schon in einem Geschäft oder Restaurant und hast erst später gemerkt, dass du noch einen Gutschein dafür hattest? Postkarten wirfst du entweder ebenfalls weg oder legst sie in einer eigenen Mappe ab.

Dekorationen
Wir neigen dazu, jeden Raum mit Deko-Artikeln vollzustellen. Eine dezente Dekoration kann einen Raum verschönern, doch zu viel lässt ihn eng und ungemütlich wirken. Große Gegenstände wie Bodenvasen können einen sogar behindern. Entferne probeweise alle unnötigen Bilder, Vasen,

Blumen, Kerzen und sonstige Gegenstände aus dem Flur und schau, wie dir dieser Raum jetzt gefällt. Im Flur hält man sich meistens nur kurz auf, eine ausgeklügelte Dekoration ist hier also überflüssig.

Das Badezimmer: Deine private Drogerie

Jeder will schön und gepflegt sein. Oder zumindest sauber. Deshalb stehen in vielen Badezimmern unzählige Dosen, Tuben und Spender. Kosmetik-Artikel sind beliebte Konsumgegenstände, bei denen das schlechte Gewissen nach dem Kauf nicht ganz so groß ist. Schließlich brauchen wir die Sachen ja alle auf. Dass das nicht stimmt, wissen wir insgeheim. Beim Entrümpeln des Badezimmers wird dir deshalb ganz oft der Gedanke „Das kann ich bestimmt noch gebrauchen" durch den Kopf gehen und dich zurückhalten.

Handtücher

Bade- und Handtücher sind verbreitete Geschenke, nicht nur beim Einzug oder zur Hochzeit oder zum Einzug in eine neue Wohnung. Handtücher nutzen sich mit der Zeit ab, weshalb wir sie gerne in die Kategorie „Verbrauchsgegenstand" einordnen. Allerdings dauert es sehr lange, bis ein Handtuch so abgenutzt ist, dass man es nicht mehr benutzen möchte. Mit einem meiner Handtücher trockne ich mich seit 20 Jahren ab und es sieht noch immer gut aus. Darum kannst du Handtücher bedenkenlos schon vor ihrem Verfallsdatum aussortieren. Behalte die neueren Exemplare, die dir am besten gefallen. Beschränke dich auf einen oder zwei verschiedene Farbtöne. Bevorzuge einfarbige Handtücher, an denen sieht man sich nicht so schnell satt. Hebe nur so viele Handtücher auf, wie in den dafür vorgesehenen Schrank oder das Regal passen. Als Faustregel gilt: Für jede Person im Haushalt reichen zwei Handtücher und zwei Badetücher. Während ein Set in Benutzung ist, kann das zweite gewaschen werden.

Pflegeprodukte

Es gibt für fast jede Körperstelle und jeden erdenklichen Zweck eigene Pflegeprodukte. Was du davon wirklich brauchst, findest du mit einem einfachen Trick heraus: Geh in Gedanken deine täglichen Routinen im Badezimmer durch. Welche Produkte benutzt du? Lege diese in ein gesondertes Regalfach. Wenn du im Lauf der nächsten Wochen ein weiteres Produkt verwendest, stelle es anschließend ebenfalls in dieses Fach. Nach ein paar Wochen siehst du genau, was du wirklich benutzt und was nicht. Alle anderen Produkte kannst du ruhig verschenken oder wegwerfen.

Aufbrauchen

Es ist eine zähe Aufgabe, deinen Produktvorrat aufzubrauchen. Versuche es trotzdem: Kauf nichts neues, solange noch etwas ähnliches in deinen Schränken liegt. Ich habe mir mal für ein Filz-Projekt eine Fünferpackung Kernseife besorgt. Bis alle Seifenstücke aufgebraucht sind, kaufe ich kein neues Handwaschmittel mehr.

Vielfältigkeit

Um dein Badezimmer in Zukunft schön leer und aufgeräumt zu halten, solltest du Produkte bevorzugen, die sich für verschiedene Anwendungsbereiche eignen. Aleppo-Seife etwa kann Duschgel, Handseife und sogar Shampoo ersetzen. Viele Minimalisten schwören auf Natron als Haarwaschmittel, Zahnpasta und Deo-Ersatz. Kauf dir beispielsweise Cremes, die für das Gesicht und den Körper gleichermaßen geeignet sind.

Putzmittel

In vielen Haushalten werden die Putzutensilien im Badezimmer gelagert. Auch hier gilt: Du brauchst nicht für jedes Material und jede Ecke ein spezielles Reinigungsmittel. Ein paar Universalputzmittel reichen vollkommen.

- Essigreiniger als Allzweckreiniger für fast alle Oberflächen.
- Zitronensäure gegen Kalkablagerungen im Badezimmer, in der Wasch- und Spülmaschine, in der Kaffeemaschine und im Wasserkocher.
- Essigessenz oder billiger Wodka vermischt mit Wasser als Glasreiniger.
- Spülmittel für das Geschirr und bei fettigen Oberflächen.
- Natron, vermischt mit Wasser, als Scheuermittel.
- Normales Waschmittel und Feinwaschmittel, Weichspüler ist überflüssig.

Mehr Informationen über natürliche und selbstgemachte Putzmittel findest du auf www.langsamerleben.de.

Übrigens …
Das bisschen Haushalt

Ich kenne nur wenige Menschen, denen Hausarbeit Spaß macht. Jedenfalls gehöre ich nicht dazu. Deshalb versuche ich immer, diese Aufgaben so schnell und effizient wie möglich zu erledigen. Wenn es dir genauso geht, helfen dir die folgenden Tipps dabei, dass dein Samstag oder deine Abende nicht mehr vom Haushalt bestimmt werden.

- Wie viel Putzen und Waschen muss wirklich sein? Du lebst nicht in einem Krankenhaus. Pingelige Hygiene ist also überflüssig. Senke deine Ansprüche ein wenig, so lebt es sich viel entspannter.

- Erstelle einen Putzplan. Verlängere die Intervalle. Schau, wie du damit klarkommst.

- Die Hausarbeit sollte nicht an einer einzigen Person hängenbleiben. Schließlich leben wir nicht mehr in den 50ern. Jedes Familienmitglied bekommt einen eigenen Bereich zugewiesen. Dass sich alle an ihre Aufgaben halten, ist natürlich Ehrensache! Ansonsten hilft moralischer Druck …

- Putze auch mal oberflächlich. Wenn du auf dem Boden eine Staubfluse entdeckst, heißt das nicht, dass ein Großputz nötig ist. Fege ab und zu, statt den Boden sofort zu wischen. Reinige Waschbecken öfter mal zwischendurch, anstatt sofort das komplette Badezimmer in Angriff zu nehmen. Einige Stellen im Haus werden schneller dreckig als andere, deshalb ist es vollkommen OK, diese öfter zu putzen und die anderen dafür etwas zu vernachlässigen.

- Viele Wäschestücke kannst du lüften und noch einmal anziehen, anstatt sie sofort zu waschen.

- Bügele nur die Textilien, die man sehen kann wenn du sie trägst oder die sich glatt besser anziehen lassen. Keine Unterwäsche, keine Bettwäsche, keine Trockentücher! Willst du wirklich mit Bügeln deine Zeit verschwenden?

- Leere Oberflächen lassen sich schneller und einfacher putzen.

- Je weniger Möbelstücke du beim Putzen zur Seite schieben musst, desto schneller bist du fertig.

- Lass dir von Fremden nicht einreden, dass du zu wenig putzt oder aufräumst. Jeder Mensch hat seine eigenen Vorstellungen von einem wohnlichen Zuhause. Solange du und deine Familie bzw. Mitbewohner sich in euren vier Wänden wohlfühlen, tust du genug.

- Hol dir Hilfe: Es ist nicht verwerflich, sich eine Putzhilfe zu holen, wenn ihr keine Zeit und/oder keine Lust habt, den Haushalt selber zu managen. Das ist keine Geldverschwendung, solange dein Stundenlohn über dem deiner Putzhilfe liegt. Und auch wenn das nicht der Fall ist: Wie viel dir ein paar zusätzliche Stunden Freizeit wert sind, bestimmst du ganz alleine.

Das Schlafzimmer: Der Ort der Ruhe und des überquellenden Kleiderschrankes

Das Schlafzimmer dient meistens nur zwei Zwecken: Man schläft darin und man kleidet sich dort an. OK, oft spielt sich hier auch das Liebesleben ab. Alle Gegenstände, die nichts mit einer dieser drei Tätigkeiten zu tun haben, kannst du getrost aus diesem Raum entfernen.

Schlafen

Zum Schlafen benötigst du ein Bett. Vielleicht reicht dir sogar eine Matratze auf dem Boden. Welche Gegenstände brauchst du noch beim Einschlafen und Aufstehen? Gehe in Gedanken deine Morgen- und Abendroutinen durch. Liest du gerne vor dem Einschlafen, dann benötigst du eine Lampe. Ein Fernseher sollte in deinem Schlafzimmer nicht zu finden sein. Am besten erklärst du diesen Raum auch zur Handy- und Computerfreien Zone.
Dein Schlafzimmer sollte Ruhe ausstrahlen, damit du dich dort optimal erholen kannst. Wähle dezente, gedeckte Farben für Möbel, Wände und Textilien.

Kleidung

Je nachdem, wie viele Kleidungsstücke du besitzt, reichen ein Schrank oder eine Kommode als Aufbewahrungsort aus. Gewöhne dir an, getragene, aber noch saubere Klamotten zu lüften und danach wieder in den Schrank zu hängen. Meide zusätzliche Ablageflächen wie Stühle, dort entsteht schnell ein

unübersichtliches Chaos.
Es lohnt sich, den Kleiderschrank regelmäßig zu entrümpeln, um nicht den Überblick zu verlieren. Suche dafür alle deine Klamotten zusammen und lege sie auf dein Bett oder den Boden. Auch Schuhe, Jacken und Accessoires, die du ansonsten in einem anderen Raum aufbewahrst. Nimm jedes Kleidungsstück in die Hand, zieh es an und stell dir folgende Fragen:

Wann habe ich es zuletzt getragen? Ist das länger als ein Jahr her, kannst du es bedenkenlos weggeben.

Passt es mir? Sei realistisch: Vielleicht hat dir die Jeans vor fünf Jahren gepasst, aber jetzt ist sie zu eng. Du willst sie dennoch aufbewahren, weil du hoffst, bald abzunehmen? Wie wahrscheinlich ist das? Behalte höchstens ein Kleidungsstück aus schlankeren Zeiten zur Motivation und gib den Rest weg. Wenn du dich wirklich körperlich verändern solltest, kannst du noch immer über neue Kleidungsstücke nachdenken.

Trage ich es gerne? Wir fühlen uns in einigen Kleidungsstücken einfach nicht wohl, obwohl sie uns passen. Meistens können wir gar nicht sagen, woran das liegt. Wenn du auf ein solches Teil triffst, das du aus unerfindlichen Gründen nicht gerne anziehst, trenne dich davon.

Ist es beschädigt? Irgendwann verliert sogar der hochwertigste Pullover seine Form. Ist ein Kleidungsstück abgenutzt oder so stark beschädigt, dass es nicht mehr ohne Weiteres repariert werden kann, wirf es weg. Und nein, du brauchst nicht einen Haufen Klamotten zweiter Wahl für die Gartenarbeit oder faule Sonntage auf dem Sofa.

Habe ich so etwas schon? Mal ehrlich, brauchst du wirklich zehn weiße Blusen? Würden nicht auch zwei reichen? Ist der Platz in deinem Kleiderschrank sowieso schon begrenzt, kannst du dich ruhig von doppelten Stücken trennen.

Beschädigte Kleidungsstücke wirfst du weg. Wenn du sie nicht mehr tragen möchtest, wird das auch niemand anderes wollen. Gut erhaltene Kleidungsstücke kannst du spenden, an Freunde bzw. Freundinnen verschenken oder verkaufen. Lieblingsstücke kommen wieder zurück in den Schrank. Das, was noch übrig bleibt, legst du in eine Kiste, verschließt und datierst sie und stellst sie in ein ungenutztes Zimmer bzw. bringst sie in den Keller oder auf den Dachboden. Wenn die Kiste nach einem Jahr noch immer verschlossen ist, du also keines der Teile vermisst hast, kannst du sie ungeöffnet spenden.

Wenn du noch genauer wissen willst, wie du deinen Kleiderschrank entrümpelst und dabei deinen eigenen Stil findest, schau mal in mein Buch „Minimalismus im Kleiderschrank – Entrümpeln und den eigenen Stil finden".

Das Wohnzimmer: Wo jedes Familienmitglied etwas liegenlassen darf

Das Wohnzimmer ist das Herz vieler Wohnungen. Dieser Raum wird von allen Mitgliedern des Haushalts genutzt und ist daher gar nicht so leicht zu entrümpeln. Hier ist es wichtig darauf zu achten, dass du keine Gegenstände anderer Familienmitglieder oder Mitbewohner ohne deren Einwilligung entfernst. Damit du jedoch nicht bei jedem Teil nachfragen musst und dadurch nicht weiter kommst beim Entrümpeln, bitte deine Mitbewohner um Mithilfe. Weigern sie sich, fordere sie zumindest dazu auf, ihren Besitz für die Dauer der Entrümpelungsaktion in einen anderen Raum zu stellen.

Schön oder nützlich? Diese Frage wirst du dir im Wohnzimmer ganz besonders oft stellen. Ist ein Möbelstück oder ein anderer Gegenstand nicht schön und/oder nützlich, ist er überflüssig. Nun werden beide Begriffe von jedem Menschen anders interpretiert.

Möbel

Haben meistens einen Nutzen. Die Frage ist, ob sie auch genutzt werden. Steht der Beistelltisch nur in der Ecke und im Weg herum oder stellen du oder deine Mitbewohner dort ab und zu eine Tasse ab? Nimmt auf dem Sessel tatsächlich gelegentlich jemand Platz oder dient er nur als Ablagefläche?

Stelle jedes Möbelstück infrage. Einige Schränke könnten überflüssig werden, wenn du ihren Inhalt weggibst. Möbelstücke dürfen schön sein. Allerdings nehmen sie meistens viel Platz weg, weshalb dieses Kriterium eine untergeordnete Rolle spielt.

Unterhaltungselektronik

Anfangs werden Playstation, Bluray-Player und Co. oft intensiv genutzt, bald stauben sie jedoch vor sich hin. Was nicht mehr genutzt wird, kannst du rigoros entrümpeln. Meistens lassen sich diese Geräte noch gut verkaufen. Die Aussicht auf zusätzliches Taschengeld überzeugt sogar Kinder davon, sich von ihren ungenutzten Spielekonsolen zu trennen.

Bücher, Musik und Filme

Die meisten Bücher liest man nur ein Mal, Filme schaut man sich selten öfter als zwei Mal an, an Musik hat man sich irgendwann sattgehört. Nimm jedes Buch, jede CD und jede DVD in die Hand und überlege, wann du dir dafür noch einmal die Zeit nehmen willst. Wenn du es nicht genau sagen kannst, gib die Dinge weg. Irgendjemand freut sich bestimmt darüber.

Manchmal behalten wir Bücher oder Filme nur zur Selbstdarstellung. Die gesammelten Werke Goethes sehen im Regal gut aus und beeindrucken Besucher. Aber mal ehrlich: Hast du sie auch gelesen? Wenn nicht: Wirst du sie noch lesen? Minimalisten halten nichts von Statussymbolen. Filme, Musik oder Bücher, die du nur aus diesem Zweck in deiner Wohnung ausgestellt hast, sind überflüssig.

Damit du in Zukunft nicht wieder vor vollen Wohnzimmerregalen stehst, sieh dich nach

Alternativen zum Kauf um. Leih dir Bücher, DVDs und CDs in der Bücherei, vieles kannst du online nutzen. Ein E-Book-Reader kann ein ganzes Bücherregal ersetzen.

Geschirr und Gläser

Vitrinen sind sehr beliebte Wohnzimmermöbel. Dort bewahren wir für gewöhnlich die Dinge auf, die wir nur zu besonderen Gelegenheiten hervorholen. Zum Beispiel das 12-teilige Kaffeeservice oder die Rotweingläser aus Kristall. Sicherlich kannst du diese Sammlung ein wenig verkleinern. Ein Satz Kuchen-Geschirr reicht, ebenso eine kleinere Auswahl Weingläser. Sekt kann man auch aus Weißweingläsern trinken, ein schlichter Pizza-Teller eignet sich auch als Kuchenplatte. Je weniger Einsatzmöglichkeiten dir für einen Gegenstand einfallen, desto leichter kannst du ihn weggeben.

Dekoration

Wenn du deine Wohnung gerne jahreszeitlich dekorierst, besorg dir ein paar schöne Glasbehälter. Die kannst du mit Materialien aus der Natur, mit bunten Ostereiern, Kerzen, Lichterketten oder anderen Kleinigkeiten füllen und so schnell, einfach und günstig den Raum verändern.

Übrigens ...
Christmas Wonderland

Ohne weihnachtliche Dekoration kann ich mir die Adventszeit kaum vorstellen. Ich mag Kerzen, Glitzer und Lichterglanz auf Kugeln. Was ich nicht mag ist die Arbeit des Auf- und Abbauens. Bei einer minimalistischen Weihnachtsdekoration hält sich der Aufwand in Grenzen und sie erzeugt dennoch eine festliche Atmosphäre.

Wähle zwei, höchstens drei Farben

Grün, Rot, Gold, Silber, Weiß, und noch ein paar Trendfarben: Lila? Schwarz? Oder Blau? Und schon sieht deine Wohnung aus wie die der Griswolds in dem Weihnachtsfilm „Schöne Bescherung". Reduziere deine Farbpalette lieber auf wenige, aber harmonierende Farben wie Rot/Grün, Grün/Gold, Silber/Braun oder Weiß/Silber.

Nur wenige, aber schöne Stücke

Je mehr Deko-Artikel du aufstellst, desto weniger wirkt das Einzelteil. Dabei besitzt du bestimmt ein paar Teile, die du besonders gerne ansiehst. Wähle für deine schönsten Stücke besondere Plätze, an denen sie gut zur Geltung kommen und sich nicht gegenseitig Konkurrenz machen.

Licht, Licht und noch mehr Licht

Kerzen und Lichterketten schaffen eine gemütliche Atmosphäre, setzen Akzente und erhellen die dunkle Jahreszeit ein wenig. Wenn du keine Weihnachtsdeko hast, kauf dir ein paar Kerzen und stell sie auf einen Teller oder bau dir einen einfachen Adventskranz. Mit Lichterketten kannst du viele tolle Sachen machen, steck sie doch mal in eine Vase oder eine Flasche.

Dekoriere nur die Stellen, die du siehst

Viele Menschen hängen Lichterketten in Fenster, die nur die Nachbarn sehen. Das ist vollkommen überflüssig. Ich dekoriere nur Stellen, die ich regelmäßig sehe. Eine Lichterkette im Schlafzimmer macht keinen Sinn, weil ich mich tagsüber dort nicht aufhalte und nachts schlafen will. Im Wäscheraum und im Badezimmer ist Weihnachtsdeko ebenfalls verschenkt.

Brauchst du wirklich einen Weihnachtsbaum?

Der Christbaum ist ein toller Brauch und symbolisiert Weihnachten, wie sonst kein anderer Gegenstand. Aber ehrlich: Wie lange steht der Baum bei dir? Eine Woche, zwei? Tannenbäume sind teuer, der Aufwand beim Aufbauen und Abbauen ist groß. Und wie oft „nutzt" du den Baum, betrachtest ihn also ganz bewusst? Wenn du Kinder hast und ihr eine richtige Bescherung macht, stell bloß einen Weihnachtsbaum auf! Doch wenn du während der Weihnachtstage sowieso nur unterwegs bist, kannst du vielleicht auf einen eigenen Baum verzichten. Fremde Christbäume sehen auch schön aus.

Die Küche oder braucht man wirklich für jedes Lebensmittel ein eigenes Messer?

In der Küche wird gearbeitet. Deshalb sammeln sich hier viele Dinge an, über die wir schnell den Überblick verlieren.

Lebensmittel

Hole alle Lebensmittel aus den Schränken. Was über dem Verfallsdatum liegt, wirfst du weg. Was noch haltbar ist, dir aber nicht schmeckt, verschenkst du. Einige Lebensmittel, wie etwa Nudeln, können bei richtiger Lagerung nicht schlecht werden, trotzdem müssen die Hersteller sie mit einem Mindesthaltbarkeitsdatum versehen, das ist gesetzlich vorgeschrieben. Aber das Mindesthaltbarkeitsdatum sagt eben nur genau das aus: Bis wann etwas mindestens haltbar sein muss.

Wasche den Schrank aus und sortiere die Lebensmittel, die du noch isst, wieder ein. Achte dabei darauf, dass die älteren Produkte vorne stehen, damit du sie bald verbrauchst. Wiederhole diesen Vorgang in regelmäßigen Abständen. Kaufe in Zukunft nichts mehr, von dem du nicht ganz sicher weißt, dass es gegessen wird. Plane deine Gerichte und erstelle einen Einkaufsplan. So kann es nicht mehr passieren, dass du zu viele oder zu wenige Lebensmittel vorrätig hast.

Küchenutensilien

Hier sind doppelte Exemplare das größte Problem. Du brauchst nicht mehr als ein scharfes Messer, eine Auflaufform, eine Suppenkelle. Bei Geschirr und Besteck fällt die Auswahl schwerer. Je nachdem, wie oft du spülst, brauchst du mehr davon. Beobachte eine Woche ganz genau, wie viele Tassen, Teller und Co. du wirklich benutzt. Gib alles Überflüssige weg, ebenso wie selten genutzte Küchenmaschinen.

Freie Flächen

Sauberkeit ist an dem Ort, an dem du dein Essen zubereitest, besonders wichtig. Freie Oberflächen erleichtern dir das Putzen ungemein. Verstaue so viele Gegenstände wie möglich in Schränken und Schubladen. Dafür sollte natürlich jedes Teil einen Platz haben, sonst wird sich nie dauerhaft Ordnung einstellen.

Organisation

Deine Küche soll funktionieren wie eine Kommandozentrale? Dann braucht jeder Gegenstand einen festen Platz. Wo dieser ist, hängt davon ab, wie oft du den Gegenstand benötigst. Häufig genutzte Messer verstaust du ganz vorne in der Besteckschublade, Gläser und Tassen sollten leicht zu erreichen sein. Dagegen kannst du die große Auflaufform ruhig weiter hinten im Schrank aufbewahren, sofern du nicht täglich Lasagne machst.

Übrigens …
Einfacher essen

Dieses Buch ist kein Ernährungsratgeber. Dafür ist das Thema viel zu komplex. Es gibt zu viele Meinungen, Strömungen und Studien. Allerdings glaube ich, dass jeder Mensch im Grunde weiß, welche Lebensmittel für ihn richtig sind. Und auch wie viele. Wir wissen, was gesunde Ernährung bedeutet, und wir spüren auch, wenn uns ein bestimmtes Essen besonders viel Energie gibt. Eigentlich ist eine gesunde Lebensweise also ganz einfach.

- Weniger ist mehr. Lerne, auf deinen Hunger und dein Sättigungsgefühl zu achten. Überesse dich nicht. Du solltest dich nach dem Essen besser fühlen als vorher. Magenkneifen und Völlegefühl sind nicht erstrebenswert, egal, wie lecker das Gericht war.
- Konzentriere dich auf dein Essen. Schau nebenbei nicht fern, lese nicht. Schmecke dein Essen.
- Verwende einfache Lieblingsrezepte mit vielen frischen Zutaten.
- Erstelle einen Essensplan. Es ist OK, wenn dieser sich jede Woche oder sogar täglich wiederholt.
- Koche selber, backe selber, lerne deine Lebensmittel kennen.
- Finde einfache Sportarten, die dir Spaß machen. Beginne mit Spaziergängen,

vielleicht bekommst du bald Lust zu Joggen. Es gibt viele gute Workouts für Zuhause. Trainiere regelmäßig und erschaffe dir eine Routine.

Wenn du lernen willst, wie du dich einfach, aber gesund ernähren kannst, empfehle ich dir einen Blick auf www.healtyhhabits.de oder in das Buch der beiden Blogger Patrick Hundt und Jasmin Schindler: „Esst echtes Essen!".

Das Büro: Dein Papierfriedhof

Das papierlose Büro ist für viele Menschen bislang nichts als ein bloßer Wunschtraum. Trotz digitalen Datenverkehrs und E-Mail erhalten wir noch immer viele Briefe und sind selber gezwungen, Briefe zu verschicken. Stehst du auch regelmäßig vor diesen Papierbergen und ärgerst dich?
Ein unübersichtlicher Computer ist ein weiteres typisches Büro-Problem. Digitaler Müll nimmt zwar keinen physischen Platz weg, erschwert uns aber die Arbeit am PC. Wir verlieren den Überblick über all unsere Dateien und finden nichts wieder.
Zur Büro-Organisation gibt es zahlreiche Ratgeber, beispielsweise mein Buch „Minimalismus auf dem Schreibtisch – Besser arbeiten durch mehr Ordnung im Büro". Um dein Büro übersichtlicher zu gestalten und zu einem Ort zu machen, an dem deine Produktivität sprudeln kann, genügt es, wenn du ein paar Prinzipien beachtest.

Digitalisieren

Versuche, so viele Dokumente wie möglich zu digitalisieren. Erkundige dich vorher bei deinem Finanzamt oder deinem Steuerberater, welche Dokumente du zwingend im Original behalten musst. Alles andere kannst du einscannen und danach vernichten oder sogar sofort wegwerfen. Überlege dir ein System, mit dem du alle Dateien problemlos wiederfindest. Wenn du keine Lust hast, diese Arbeit selber zu erledigen, frag doch deinen computeraffinen Neffen oder das Nachbarsmädchen, ob sie sich nicht ein paar Euro

dazuverdienen möchten.
Damit du in Zukunft nicht wieder im Papierchaos untergehst, stell möglichst viele Schriftwechsel auf E-Mail um. Frag bei den entsprechenden Stellen nach. Steige auf Online-Banking um und gib bei deiner Bank an, dass du Kontoauszüge lieber digital erhalten möchtest. Sogar deine Steuererklärung kannst du heute online erledigen.

Desktop

Lerne, die Entf-Taste zu lieben. Gewöhne dir an, wirklich wichtige Informationen sofort in einem entsprechenden Ordner abzulegen. So geht nichts verloren und du kannst regelmäßig ohne Angst löschen. Entferne Datenmüll sofort: Textentwürfe, die veröffentlicht sind. Grafiken, die du verworfen hast. Podcasts, die du gehört und PDFs, die du gelesen hast. Halte dich an dein Organisationssystem und deinen Desktop auf diese Weise leer.

Schreibtisch

Unordnung in unserer Umgebung sorgt für Unordnung im Kopf. Deshalb solltest du deinen Arbeitsplatz, also deinen Schreibtisch, möglichst ordentlich halten. Entferne alle Gegenstände von der Tischplatte, die du nicht ständig benutzt. Je öfter du einen Gegenstand benötigst, desto leichter sollte er zugänglich sein.
Ablenkungen am Schreibtisch entstehen aber nicht nur durch Unordnung, sondern auch durch visuelle Ablenkungen in Form von Dekorationen oder einem interessanten Blick aus dem Fenster. Kannst du von deinem Schreibtischstuhl aus direkt auf eine belebte

Einkaufsstraße sehen, wirst du öfter interessiert aus dem Fenster sehen, als wenn dein Blick auf einen Hinterhof oder eine Wiese fällt. Alles was blinkt, sich bewegt oder piept lenkt ab, zum Beispiel E-Mail-Benachrichtigungen oder andere Online-Dienste, die sich ständig bemerkbar machen. Willst du wirklich produktiv sein, schalte alle Benachrichtigungen ab.

Übrigens …
Werde produktiver! So schaffst du alles, was du dir vornimmst

Ausgefeilte To-Do-Listen, teure Apps und Software, ein perfekt strukturierter Kalender – vergiss alle diese Produktivitäts-Tools. Du musst nämlich nur einen einzigen Tipp befolgen, um viel geschafft zu bekommen.

Konzentriere dich auf eine Sache!

Das hört sich einfach an, ist es aber nicht. Ich kenne das: Ich lasse mich schnell ablenken. Deshalb schaffe ich so wenig, wenn ich „nur mal kurz" ins Internet gehe. Das Einzige, was dagegen hilft: Das Internet abschalten. Wenn das nicht möglich ist: Alle Tabs schließen. Es gibt auch Programme, die das für dich erledigen.
Und dann, wenn die Ablenkung weg ist, läuft es. Singletasking schlägt jedes andere Produktivitäts-Tool um Längen. Denn jedes gedankliche Umschwenken auf eine andere Aufgabe oder einen neuen Reiz kostet Zeit. Das Gehirn muss sich erst einmal warmlaufen, bevor wir es auf Hochtouren laufen lassen können.

Konzentration auf eine Sache hilft bei vielen organisatorischen Fragen:

To-Do-Listen: Wachsen gerne exponentiell. Je weniger man schafft, desto länger werden sie. Statt nun ausgefeiltes Listen-Management zu betreiben,

solltest du einfach einen Punkt nach dem anderen abarbeiten. Die wichtigen zuerst, die unwichtigen zuletzt oder gar nicht. Um herauszufinden, welche die wichtigen Aufgaben sind, hilft ein Trick: Wenn sie dir besonders viel Spaß machen oder du sie besonders fürchtest und immer wieder vor dir herschiebst, sind sie wichtig. Leidenschaft oder Steuererklärung. Alles dazwischen ist Firlefanz.
Termine: Verteile deine Termine nicht wild über die gesamte Woche, sondern lege sie zusammen. Verbinde beispielsweise den Besuch beim Arzt mit dem Wocheneinkauf. Sofern du es bestimmen kannst, erledige alle notwendigen Anrufe am Stück. Oder organisiere deine Tage nach Themen: Am Montag kümmerst du dich nur um Aufgabe X, am Dienstag um Aufgabe Y.

Ziele: Immer wieder wird empfohlen, große Ziele in viele kleine Ziele zu unterteilen. Und so denken wir uns fleißig Jahres-, Monats-, Wochen- und sogar Tagesziele aus. Wenn wir sie nicht erreichen, fühlen wir uns wie Versager. Statt auf das Ziel konzentriere dich lieber auf den Weg. Um bei dem Bild zu bleiben: Sieh beim Gehen auf deine Füße, damit du nicht stolperst. Schaffe dir ein System aus vielen kleinen Handlungen und Gewohnheiten, um Großes zu erreichen, und bemühe dich, dieses zu etablieren.
Lesetipp: https://blog.bufferapp.com/why-having-no-goals-in-our-lives-might-make-us-happier-and-more-successful

Projekte: Auch hier gilt: Eines nach dem anderen. So zwingst du dich, etwas abzuschließen. Es ist fast unmöglich, nicht an offene Projekte zu denken. Dein

Gehirn beschäftigt sich weiter damit, auch wenn du versuchst, dich auf etwas anderes zu konzentrieren. Es spukt dir im Kopf herum und blockiert die kleinen grauen Zellen, die eigentlich an einer anderen Aufgabe arbeiten sollten. Sofern es dir möglich ist, schließe Projekte deshalb immer ab. Das kann auch bedeuten, dass du sie aufgibst. Bring Projekte schnell zu Ende, kümmere dich nicht um Perfektion. Gut genug ist oft wirklich gut genug.

Der Arbeitstag sieht bei jedem Menschen anders aus. Ob du an einer Maschine arbeitest, an der frischen Luft oder an einem Computer, halbtags, Nachtschicht, oft unterwegs, Stay-at-Home-Mum bist oder Geschäftsführer, selbstständig oder angestellt, mit Menschen zu tun hast oder mit Dokumenten – versuche, dich zu jedem Zeitpunkt nur auf eine Sache zu konzentrieren. Am besten auf das Wesentliche.

Keller und Dachboden: Endstation für Überflüssiges

Die letzten Ruhestätten für das meiste Gerümpel sind der Keller oder der Dachboden. Dort bewahren wir nicht nur selten Genutztes auf, sondern vor allem die Dinge, die wir nicht mehr brauchen, aber trotzdem nicht weggeben möchten. Hier stört uns Unordnung weniger, weil wir nicht ständig darüber stolpern. Diese Räume sind die letzten Herausforderungen unserer Entrümpelungsaktion. Die Königsdisziplin sozusagen.

Großreinemachen

In diesen Räumen empfehle ich dir eine große Entrümpelungsaktion, kleine Aufräumarbeiten zwischendurch machen hier weniger Sinn. Denn bei Dachboden und Keller gilt leider viel zu oft: Aus den Augen, aus dem Sinn. Du hast das Chaos hier nicht ständig vor Augen, weshalb du das kontinuierliche Ausmisten bald vergisst. Nimm dir also einen Tag oder – je nach Menge des Gerümpels – ein Wochenende Zeit und räume den gesamten Raum leer. Vielleicht bestellst du dir für diese Zeit sogar einen Müllcontainer bei deiner lokalen Entsorgungsfirma. Das Schöne an einer solchen Großreinemach-Aktion ist das tolle Gefühl danach, richtig was geschafft zu haben. Du wirst staunen, wie riesig diese Räume danach im Gegensatz zu vorher wirken. Eine große Aktion macht einen sichtbaren Unterschied, der dir frische Motivation geben wird. Da diese Bereiche deiner Wohnung oder deines

Hauses die letzten in unserem Entrümpelungsplan sind, hast du bereits Übung im Ausmisten. Keller und Dachboden sind das Gesellenstück eines jeden Entrümpelungs-Lehrlings.

1-Jahres-Regel

Am besten orientierst du dich beim Entrümpeln dieser Lagerräume an der 1-Jahres-Regel: Alles, was du nicht mindestens einmal im Jahr benutzt, kann sofort weg. Manche Gegenstände behalten wir „nur für den Fall", beispielsweise viele Werkzeuge. Wie könntest du an diese Dinge herankommen, wenn du sie nicht mehr besitzt? Vielleicht kann dir ein Nachbar eine Bohrmaschine leihen, auch viele Baumärkte bieten diesen Service an. In diese Kategorie fallen auch Sport-Equipment und Hobby-Zubehör. Was du dir mühelos leihen kannst, musst du nicht besitzen. Doch Vorsicht: Du wirst dich bei deinen Mitmenschen ziemlich unbeliebt machen, wenn du dir ständig etwas bei ihnen borgst, aber nichts besitzt, was du deinerseits verleihen kannst. Statt eines Gegenstandes kannst du im Gegenzug deine Hilfe anbieten. Wenn du dir also beim nächsten Mal den Rasenmäher deines Nachbarn leihst, mähe seinen Rasen zum Dank doch gleich mit.

Vielleicht fragst du dich angesichts des Berges an ausgemisteten Dingen, warum du Gegenstände weggeben solltest, die du schon gekauft hast. Weil du für den Platz sicher eine bessere Verwendung findest. Vielleicht steht in deinem Keller eine Werkbank, die du gerne nutzen würdest, aber vor lauter Gerümpel nicht mehr siehst. Oder du willst dein Auto in der Garage parken und nicht immer nur davor. Der Dachboden sollte früher mal ein Fitness-Raum werden? Na also. Lagerplatz ist immer verschenkter Platz.

Das Kinderzimmer: Warum es hier ruhig mal unordentlich sein darf

Gibt es eigentlich Familien, in denen die Ordnung im Kinderzimmer kein immer wiederkehrendes Streitthema ist? Ich glaube nicht. Kinder lieben Chaos, Eltern eher nicht. Die Frage, ob man als Elternteil ein Kinderzimmer entrümpeln darf, ist schwierig. Denn dieser Raum und alle Dinge darin gehören deinem Kind. Auch wenn du sie ihm gekauft oder geschenkt hast, gibt dir das nicht das Recht, sie ihm einfach wieder wegzunehmen. Nun kann es aber gut sein, dass das Kinderzimmer recht klein ist und der Besitz deines Kindes viel zu schnell wächst. Was kannst du dagegen tun?

Kleidung

Den Kleiderschrank deines Kindes gehst du sicherlich regelmäßig durch und mistest aus, was nicht mehr passt oder kaputt ist. Aussortierte Kinderkleidung lässt sich sehr gut weiterverkaufen, da sie oft kaum getragen wurde. Gerade in jungen Jahren wachsen Kinder einfach zu schnell, um Kleidungsstücke auftragen zu können. Vielleicht kennst du eine Familie, die die alten Klamotten deines Kindes gebrauchen könnte. Je jünger das Kind ist, desto weniger wird es sich an gebrauchten Kleidungsstücken stören. Ich persönlich finde es ziemlich sinnlos, Kindern neue und womöglich noch teure Markenklamotten zu kaufen. In meiner Heimatstadt eröffnete einmal ein

Kinderbekleidungsgeschäft, das nur Markenartikel im Sortiment hatte. Kleinkinder-Jeans für 60 Euro, Sweatshirts für 40 und Schuhe, die aussahen wie die der Erwachsenen und genauso viel kosteten. Nach nicht einmal einem Jahr musste das Geschäft aus Mangel an Kunden schließen. Überlege dir genau, wie viele Kleidungsstücke dein Kind pro Woche braucht und kaufe nicht zu viel auf einmal. In ein paar Monaten musst du eh alles erneuern. Wenn dein Kind älter wird und langsamer wächst, kannst du ruhig mehr Stücke von besserer Qualität kaufen.

Spielzeug

Klamotten gibt dein Kind vielleicht noch gerne weg, nicht aber sein Spielzeug! Und das solltest du akzeptieren. Wenn du trotzdem das Gefühl hast, dass das Kinderzimmer aus allen Nähten platzt und es so nicht mehr weitergeht, beziehe dein Kind mit ein. Erklär ihm, dass es ein paar Spielsachen, die es nicht mehr mag, armen Kindern schenken könnte. Es sollte selbst entscheiden, welche. Viele Kinder sind großzügiger, als man denkt. Bringt die Gegenstände gemeinsam in ein Sozialkaufhaus oder eine ähnliche Einrichtung. Eine andere Möglichkeit besteht, besonders bei älteren Kindern, darin, mit ihnen auf einen Kinderflohmarkt zu gehen. So etwas findet man oft bei Stadtfesten. Dort können Kinder ihren Trödel auf einer Decke auslegen und selber verkaufen. Das macht Spaß und dein Kind verdient sich noch ein paar Euro dazu.
Bei kleineren Kindern darfst du noch entscheiden, womit es spielen soll. Huong Tran, deren Weg zum Minimalismus du später noch lesen kannst, gibt ihrer einjährigen Tochter immer nur drei Spielzeuge auf

einmal. Den Rest bewahrt sie in einer Kiste auf. Sie wechselt die Teile öfter und achtet darauf, womit ihre Tochter gerade gerne spielt und womit nicht. So schützt sie ihre Tochter vor Reizüberflutung und gibt ihr die Chance, sich mit jedem Spielzeug intensiv zu beschäftigen. Wenn sie merkt, dass die Kleine mit einem Gegenstand überhaupt nicht mehr spielt, gibt sie ihn schließlich weg. Was sie ihrer Tochter allerdings niemals wegnehmen würde, sind Lieblingskuscheltiere oder ähnliche liebgewonnene Teile.

Den Spielzeugzustrom stoppen

Wenn das Kinderzimmer zu klein und der Sammeltrieb deines Nachwuchses zu groß ist, hilft nur eine kategorische Drosselung der Zufuhr. Wie kommt dein Kind an neue Spielsachen, Klamotten und sonstige Gegenstände? Wahrscheinlich durch Geschenke von wohlmeinenden Verwandten. Sprich mit den Großeltern, Tanten und Onkels des Kindes über das Platzproblem. Einigt euch darauf, dass das Kind zum Geburtstag nur noch ein Geschenk pro Person bekommt. Gib den Verwandten die konkreten Wünsche deines Kindes durch und deine Ansprüche an die Geschenke. Du möchtest zum Beispiel nicht, dass dein Sohn mit billigen Plastikautos aus Taiwan spielt? Oder dass deine Tochter schon im zarten Alter von sechs Jahren ihr erstes Smartphone bekommt? Dann sag das auch so. Hilf deinen Verwandten und erstelle eine Liste aller Hersteller und Produkte, die du gut findest.
Sehr praktisch sind Geschenke, die sich aufbrauchen. Etwa Buntstifte und Malbücher, Kinderschminke, Bastelmaterial oder Knete. Und natürlich

gemeinsame Erlebnisse: Schenk deinem Kind doch zum Geburtstag nur eine Kleinigkeit zum Auspacken und einen Tag im Zoo inklusive Kamelreiten.

Ich habe keine Kinder, aber ich kann mir nicht vorstellen, dass du sie von einem minimalistischen Leben überzeugen kannst, solange ihre Freunde und Schulkameraden sich über das neueste Handy oder ihre teuren Turnschuhe unterhalten. Die amerikanische Bloggerin Bea Johnson von www.zerowastehome.com lebt sehr minimalistisch. Ihre vierköpfige Familie produziert im Jahr nur eine Hand voll Müll. Sogar ihre beiden Söhne leben sehr vorbildlich, besitzen kaum Spielzeug, räumen ihre Zimmer auf und tragen nur Second-Hand-Klamotten. Ich glaube nicht, dass so ein extremer Lebensstil für jede Familie möglich ist. Lass deine Kinder selber entdecken, was gut für sie ist. In der Kindheit und Jugend probiert man viele Dinge aus, auf einen bestimmten Lebensstil legt man sich erst im Erwachsenenalter fest. Sei deinen Kindern ein Vorbild, erklär ihnen, warum weniger mehr ist, aber zwing sie zu nichts. Das spart dir eine Menge Stress und Ärger.

Du stehst kurz davor, deine eigene kleine Familie zu gründen und hast keine Ahnung, was so ein Baby alles braucht? Dann lies weiter.

Übrigens …
Minimalismus im Babyzimmer

Da ich mit Kindern keine Erfahrungen habe, habe ich Nicole Becker, Hebamme, Heilpraktikerin und Buchautorin aus Pohlheim bei Gießen nach ein paar Tipps gefragt. Nicole hat zwei Kinder und weiß, welche Gegenstände ein Neugeborenes braucht. Mehr zu Nicole findest du auf ihrem Blog www.midwife17.blogspot.de oder in ihrem Buch „Liebe für Drei: Ein Lesebuch für Mütter".

Zunächst stellt sich die Frage, ob ein Baby tatsächlich ein eigenes Zimmer benötigt. Eigentlich nicht, denn erfahrungsgemäß möchte ein Baby ungern alleine irgendwo abgelegt werden.
Und wenn man auf die Anschaffung von unnötigem Inhalt verzichtet, sind weder ein riesiger Kleiderschrank noch eine überdimensionale Wickelkommode vonnöten.

Im Grunde braucht ein Baby nicht viel.

Einen Ort zum Schlafen

Entgegen aller ärztlicher Empfehlungen, ein Kind bloß nicht im elterlichen Bett schlafen zu lassen und es auf jeden Fall in einen Schlafsack zu stecken, zeigt die Erfahrung, dass Babys nun mal hilflos sind und auch Eltern besser schlafen, wenn man Neugeborenen einen ausreichend großen Platz im Elternbett einräumt. Am geschicktesten warm eingepackt, also fest eingewickelt, in einem Beistellbett, welches direkt am Elternbett verschraubt wird und gewährleistet, dass das Kind ausreichend Nähe bekommt. Am Tag schlafen Babys gern im Tragetuch oder auf der Krabbeldecke in dem Raum, in dem sich alle anderen Familienmitglieder ebenfalls aufhalten.

Einen warmen Ort um gewickelt und gepflegt zu werden

Sei es auf einer Decke auf der Waschmaschine, einer Unterlage auf dem Sofa oder schlicht auf der Krabbeldecke auf dem Fußboden.

Windeln, in welcher Form auch immer: Es gibt außer den herkömmlichen Wegwerfwindeln auch Systeme mit waschbaren Baumwollwindeln und/oder Schafswollhöschen.

Pflegeprodukte

Der Windelbereich wird am gesündesten mit Waschlappen und Wasser gesäubert. Dazu bietet es sich an am Morgen eine kleine Thermoskanne mit warmem Wasser zu füllen und diese mit Waschlappen und trockenen Zellstofftüchern zusammen dort zu lagern, wo das Baby gewickelt wird. Eine kleine Tube Wundschutzcreme und eine kleine Menge Lanolin sind an Pflegeprodukten völlig ausreichend. Ein bis zwei quadratische Handtücher mit Kapuze sind in der Handhabung angenehm und viele Babys mögen eine morgendliche Kopfmassage mit einer weichen Bürste. Baden kann man das Baby zunächst im Waschbecken oder später mit einem Elternteil in der großen Wanne. Badezusatz kann ein Schluck Muttermilch sein oder ein Esslöffel Olivenöl.

Tragehilfe
Kinderwagen werden völlig überbewertet und häufig wird ein kleines Vermögen dafür ausgegeben. Und dann stellt sich in vielen Fällen heraus, dass die Kleinen ein Tragetuch oder eine andere geeignete Tragehilfe dem Wagen deutlich vorziehen.

Kleidung
Babybekleidung muss weder neu noch exklusiv sein. Der Jahreszeit angemessen, atmungsaktiv, pflegeleicht und trocken – das sind die wesentlichen Kriterien. Kinderkleidungsbasare und Tauschbörsen bieten sich an.

Nahrung
Diese sollte wenn möglich Muttermilch sein. Kann nicht oder nicht voll gestillt werden, sollte die Mutter das weitere Vorgehen unbedingt mit der Hebamme besprechen.

Sinnvolles Spielzeug
Das ist sehr individuell. Oft sind die Dinge für Babys am interessantesten, die die Erwachsenen im täglichen Leben benutzen. Dennoch sind eine Spieluhr oder ein Kuscheltier, ein oder zwei unterschiedliche Rasseln, ein Mobile zum Beobachten und Bauklötze eine gute Grundausstattung.

Liebe, Verständnis, Anregung und Zuwendung kann es niemals zu viel geben. Kostet nichts, nimmt keinen Platz weg und ist unabdingbar."

VIERTES KAPITEL

Entrümpeln im Kopf

Was kommt nach dem Entrümpeln?

Manchmal habe ich das Gefühl, dass Minimalismus zwar ein Trend ist, aber vollkommen falsch verstanden wird. Und zwar als Besitzlosigkeit. Da werden Menschen gezeigt, die aus einer Reisetasche leben oder nur noch 100 Dinge besitzen und dann wird gesagt: „Das sind echte Minimalisten." Alle durchschnittlichen Menschen mit gewöhnlichen 3-Zimmer-Wohnungen und Nippes in den Regalen werden so von vornherein ausgeschlossen.

Minimalismus wird so auf Besitz oder Konsum reduziert, allerdings im negativen Sinne: Minimalist ist nur derjenige, der wenig besitzt.
Die Auseinandersetzung mit den Gegenständen, die du über Jahre angesammelt hast, ist erst der Anfang auf deinem Weg zum Minimalismus. Eine Art Bootcamp für das, was danach kommt und dann den Kern des Minimalismus ausmacht. Du übst, Dinge zu hinterfragen und dich von ihnen zu trennen. So trainierst du deine Fähigkeit, Unnötiges von Brauchbarem zu unterscheiden. Mit jedem Teil, das du weggibst oder bewusst behältst, findest du heraus, was dir wirklich wichtig ist. Auf diese Weise schrumpfst du dich gesund und veränderst deine Einstellung. Du entfernst alles, was dich nicht zu deinem Ziel führt: Dem Leben, von dem du träumst.
Das, was nach dem Entrümpeln kommt, ist eine sehr persönliche Sache. Etwas, das jeder für sich herausfinden sollte.

Ich persönlich verfolge damit diese Ziele:

Leichtigkeit durch Genügsamkeit

Als Selbstständige kann mir niemand garantieren, dass ich in einem Jahr noch gut verdienen werde. Aufträge können wegbrechen, Kunden verschwinden, Produkte sich als unverkäuflich und Ideen als sinnlos herausstellen. Je geringer ich meine Kosten, sprich meine Ausgaben halte, desto flexibler kann ich auf solche Schwankungen reagieren. Das gibt mir ein Gefühl von Sicherheit. Wenn ich wüsste, dass ich jeden Monat 5000 Euro machen muss, weil ich ein dickes Auto, eine Küchenzeile, den Laptop und den Karibik-Urlaub abstottern muss, würde ich keine Nacht mehr ruhig schlafen.

Mehr von den Dingen, die mir Spaß machen, mir Energie geben und mich weiterbringen

Ich möchte die mir gegebene Lebenszeit mit den Dingen, Tätigkeiten und Personen verbringen, die mich glücklich machen. Ich möchte nicht gezwungenermaßen etwas tun, das mich herunterzieht. Das erfordert einen finanziellen Spielraum, aber auch den Mut, Entscheidungen zu treffen und mich von den unangenehmen Dingen zu trennen. Loszulassen eben. Loslassen lerne ich, indem ich an Gegenständen übe.

Freiräume und Zeit für Muße

Ich liebe es, wenn ein Tag wie ein weißes Blatt Papier vor mir liegt. Ich liebe Wochenenden ohne Termine. Ich liebe es, neue Dinge ausprobieren zu können, einfach weil sie mich gerade interessieren. Das ist nur möglich, weil ich dieses „immer mehr, immer schneller, immer besser"- Spiel nicht mitspiele.

Überschaubarkeit

Irgendwann habe ich gemerkt, dass mein Leben ganz schön kompliziert werden kann, wenn ich das zulasse. Das will ich aber nicht. Ich mag es einfach und überschaubar, weil mir das die Möglichkeit gibt, mich zu fokussieren und mich zu entscheiden.

Manchmal fühlen sich viele Verpflichtungen und Besitztümer wie Ballast an. Dann muss ich an diese Muskelmänner denken, die im Fernsehen Trucks hinter sich herziehen. So möchte ich mich nicht fühlen. Ich will frei, gelassen und unbeschwert durchs Leben gehen. Ich bin überzeugt davon, dass der Minimalismus mir dabei hilft, genau das zu erreichen.

In den folgenden Kapiteln stelle ich dir einige Aspekte des minimalistischen Denkens und Handelns vor. Wieder gilt: Du brauchst dich nicht sklavisch daran zu halten. Setze das um, was dich anspricht, und finde so dein eigenes Maß. Dein Gefühl ist ein guter Indikator dafür, was du gerade benötigst.
Allem liegt – wie auch beim Entrümpeln – die Frage zugrunde: Was lasse ich in mein Leben? Was bringt mir zusätzlichen Wert und was belastet mich nur? Wann habe ich genug?

Genug

„Ich habe genug." Wann hast du das zuletzt gesagt oder gedacht? Wir werden in unseren westlichen Industrienationen darauf trainiert, nie genug zu haben. Es geht immer noch mehr, noch schneller. Stillstand ist schlecht, Wachstum ein Heilsbringer. Das Ergebnis ist, dass wir uns manchmal wie in einem Hamsterrad fühlen: Kaum haben wir etwas erreicht, sollen wir uns schon wieder neue Ziele stecken und diese gefälligst auch erreichen. Kaum haben wir etwas gekauft, kommt bereits die angeblich viel bessere Nachfolgerversion auf den Markt. Kaum haben wir etwas getan, planen wir schon die nächste Aktivität.

Minimalistisch zu leben bedeutet, diesen falschen Glaubenssatz loszuwerden. Denn in Wahrheit hast du von fast allem genug. Sieh dich in deiner Wohnung um. Versuche dabei ganz objektiv zu sein. Hast du nicht genug Teller, Messer, Gabeln? Genug Kleidungsstücke? Genug zu essen? Genug Bücher? Genug Elektrogeräte? Wie lange würdest du mit deinem Besitz auskommen, wenn du nicht mehr die Möglichkeit hättest, etwas Neues zu kaufen? Mache diese Übung am besten sofort. Nimm dir Zeit, mache sie bewusst. Was fühlst du?

Vielleicht kommst du zu der Erkenntnis, dass du nicht nur genug, sondern zu viel besitzt. Dass du nicht nur genug zu tun hast, sondern sogar zu viele Aufgaben und Verpflichtungen. Dass du mehr als genug weißt, dich aber vor der Flut an neuen Informationen kaum retten kannst.

Das Prinzip des Genug kannst du nicht nur auf

deinen Besitz, sondern auf alle Bereiche deines Lebens anwenden. Es wird dich zufriedener machen, dir ein Stück weit die innere Unruhe nehmen, die Jahre im geistigen Hamsterrad verursacht haben. „Gut genug" wird oft mit Mittelmaß gleichgesetzt, aber das ist falsch. Gut genug heißt, dass etwas genau richtig ist. Du bist gut genug. Was du tust, ist genug. Was du hast, ist gut genug. Vergiss Perfektion. Gut genug ist gut genug.
Vielleicht klingt das jetzt für dich wenig ambitioniert. Du willst nicht Mittelmaß sein, sondern besser als andere. Was denkst du, wenn ich dir jetzt sage, dass du das schon längst erreicht hast? Worin bist du gut? Kannst du beispielsweise gut kochen? Bist du so gelenkig, dass du deine Beine hinter den Kopf klemmen kannst? Oder bist du ein Organisationsgenie und planst immer die Urlaube für deine ganze Familie? Jeder Mensch hat Talente. Manchmal glauben wir, dass Talente immer Fertigkeiten sein müssten, doch die meisten Fertigkeiten kann man sich durch Übung aneignen. Fähigkeiten, wie etwa Organisationstalent oder Mitgefühl, sind viel schwieriger zu lernen. Überlege also, worin du gut bist. Und jetzt finde drei Menschen, die darin weniger gut sind. Ich möchte dich nicht dazu animieren, auf diese Menschen herabzuschauen. Es ist einfach eine Tatsache, dass du einige Dinge besser kannst als andere Menschen. Und dass es wiederum viele Sachen gibt, die dir nicht so liegen, anderen dafür umso mehr.
Mittelmaß bedeutet einfach, dass du irgendwo in der Mitte liegst. Und hier bleibst du so lange, bis du wirklich der Allerbeste auf deinem Gebiet bist. Doch wer soll das messen? Außerdem: Willst du wirklich

die Mühe und Zeit opfern, die es kostet bis ganz an die Spitze zu kommen? Ist es dir das wert?
Die Angst, dass wir nicht gut genug sind, dass wir uns zu wenig anstrengen, zu wenig können, zu wenig sind, ist nicht so leicht zu überwinden. Vielleicht hilft dir das Wissen um das Pareto-Prinzip, um in Zukunft mehr Zufriedenheit mit dir, deinen Leistungen und deinem Leben zu verspüren. Der italienische Ökonom Vilfredo Pareto (1848-1923) untersuchte seinerzeit die Vermögensverteilung in seinem Heimatland und kam zu dem Schluss, dass 20 Prozent der Bürger 80 Prozent des Vermögens besaßen. Dann bemerkte er, dass sich diese Regel auch auf viele weitere Bereiche anwenden ließ. 20 Prozent der Arbeitszeit erzielen 80 Prozent der Ergebnisse. Viele Menschen tragen nur 20 Prozent ihrer Kleidungsstücke. Die anderen 80 Prozent nehmen im Umkehrschluss nur Platz im Schrank und Zeit für ihre Pflege weg. Es ist dieses Quäntchen mehr zur Perfektion, das den meisten Aufwand erfordert. Das Pareto-Prinzip lässt sich in vier Worten zusammenfassen: Kleiner Aufwand, große Wirkung.
Das Pareto-Prinzip trifft nicht immer zu. Allein schon deshalb, weil wir oft nicht wissen, welche Aspekte unseres Tuns die wirklich wichtigen sind. Beispielsweise verbringen viele Menschen viel Zeit damit, E-Mails zu beantworten, was natürlich nicht besonders produktiv ist. Allerdings ist es notwendig. Würde ein Büro-Angestellter entscheiden, zukünftig keine E-Mails mehr zu beantworten, um effizienter zu arbeiten, könnte ihn das seinen Job kosten.
Trotzdem ist es sinnvoll, sich immer wieder die Frage zu stellen: „Gehört das, was ich tue, zu den

wichtigen 20 oder zu den unwichtigen 80 Prozent?" Oder einfach: Ist das vielleicht schon gut genug?

Information overload

Hast du schon einmal festgehalten, wie viele Stunden am Tag du Medien konsumierst? 2013 hat jeder Deutsche im Durchschnitt 221 Minuten am Tag vor dem Fernseher gesessen (Quelle: www.de.statista.com). 187 Minuten am Tag hört der Deutsche Radio und verbringt 83 Minuten im Internet. Noch nicht mal eine Stunde am Tag wenden wir hingegen für die Nutzung von Printprodukten wie Zeitungen, Zeitschriften und Büchern auf. Was bedeutet das? Wir mögen leicht verdauliche Informationen in Form von audiovisuellen Medien.

Wie du siehst verschlingt unser Medienkonsum eine Menge Zeit. Zeit, die dir vielleicht an anderer Stelle fehlt. Zeit, die du Aktivitäten widmen könntest, die dir wirklich etwas bringen. Zeit, die du dir selber stiehlst.

Unser Medienkonsum frisst aber nicht nur Zeit, sondern wirkt sich auch auf unser Denken aus. Rolf Dobelli hat dazu einen interessanten und sehr ausführlichen Essay mit dem Titel „Vergessen Sie die News!" geschrieben (zu finden auf seiner Homepage www.dobelli.com). Er sagt: „News sind für den Geist, was Zucker für den Körper ist." Süchtigmachend und schädlich. Emotionale Schlagzeilen, wie sie viele (Online-)Zeitungen täglich veröffentlichen, machen uns Angst. Plötzlich haben wir das Gefühl, dass die Gesellschaft nur aus Salafisten, Neonazis oder anderen Terroristen besteht, dass jedes zweite Flugzeug abstürzt, dass wir ständig ausgehorcht und manipuliert werden. Obwohl all das in Wahrheit

nicht stimmt. Noch dazu, so Dobelli, würde uns das Wissen um das Weltgeschehen in keinster Weise bei unseren eigenen Entscheidungen helfen. Was in Washington oder Kuala-Lumpur passiere, sei in den meisten Fällen irrelevant für unser Alltagsleben.
Dobelli behauptet, dass uns übermäßiger Newskonsum unkreativ und passiv macht. Uns geht die Fähigkeit verloren, uns länger und tiefer mit einem Thema zu beschäftigen. Wir lassen uns von Kleinigkeiten ablenken. Anstatt selber etwas zu erschaffen, saugen wir uns passiv mit Informationen voll.
Um zu sehen, wie stark dich die Medien schon im Griff haben, hilft am besten eine Nachrichtendiät. Versuch doch mal eine gewisse Zeit lang auf jegliche Nachrichten zu verzichten und schau, wie es dir damit geht. Anfangs fühlst du dich vielleicht ein wenig abgeschnitten von der Welt, aber bald schon wird das ganz normal für dich sein. Ich lese seit Jahren kaum noch Nachrichten und hatte nie das Gefühl, etwas verpasst zu haben. Sollte doch etwas Wichtiges passieren, bekomme ich das schon irgendwie mit.
Wenn du das Gefühl hast, dass TV, Radio, Internet und Co. dir zu viel Zeit stehlen, kannst du eine Medien-Diät einlegen. Entweder verzichtest du komplett, oder du setzt dir Limits: Schaue nur deine Lieblingssendung, schalte den Computer nach einer Stunde aus, lass das Smartphone tagsüber daheim, hör im Auto kein Radio sondern das Album deiner Lieblingsband oder ein Hörbuch.
Du kannst den Verzicht zur Regelmäßigkeit machen. Wähle zum Beispiel einen festen Tag in der Woche oder im Monat, an dem alle Bildschirme in deiner

Wohnung ausgeschaltet bleiben. Versuche deine Familie dazu zu ermuntern, sich an diesem Tag mit etwas anderem zu beschäftigen. Besonders Kinder freuen sich, wenn man mit ihnen spielt anstatt sie vor dem Fernseher zu parken.

Journalisten sind ständig in Eile, weil sie den neuesten Neuigkeiten hinterher hetzen. Lass dich davon nicht anstecken. Je öfter du auf kurzlebige Medien verzichtest und dich stattdessen auf gute Filme, Bücher und Artikel konzentrierst, desto ruhiger wirst du werden und hast plötzlich viel mehr Zeit für alles, was sonst zu kurz kommt.

Im Hier und Jetzt

Durch unseren andauernden Medien-Konsum verlernen wir schnell, uns zu konzentrieren. Wenn es dir so geht wie mir, sind Augenblicke tiefer Konzentration selten und kostbar. Meistens schlagen meine Gedanken auch dann noch Kapriolen, während ich mit etwas ganz anderem beschäftigt bin. Es fällt mir schwer, mich voll auf den Moment zu konzentrieren. Dabei weiß ich, was mir das bringt: Mehr innere Ruhe, mehr Fokus, ein Gefühl der Wertschätzung gegenüber meiner Zeit.
Meditation, Achtsamkeit, Flow – für dieses unglaubliche Gefühl, einfach im Moment zu leben, gibt es viele Bezeichnungen. Es gibt ein paar Techniken und Tricks, wie du öfter ganz bei dir und im Moment sein kannst. Probiere ein paar aus, wenn du Lust hast, und finde heraus, welche am besten zu dir passt.

Meditation
Ist eine hohe Kunst und dabei ganz einfach. Setze dich an einen ruhigen Ort, schließe die Augen und konzentriere dich auf deinen Atem. Mehr nicht. Wenn deine Gedanken abschweifen, bringe sie wieder zu deinem Atem zurück. Sobald du das eine Weile schaffst, kannst du dich auf deinen Körper konzentrieren: Wie fühlt er sich an? Wie ist dein Kontakt zum Boden? Was hörst du, was riechst du? Es reicht, wenn du jeden Tag ein paar Minuten lang meditierst. Diese Zeit kannst du nach und nach ausdehnen.

Yoga

Hier kommt die Konzentration auf den Augenblick dadurch zustande, dass du versuchst, deine Bewegungen mit deinem Atem in Einklang zu bringen. Jede Übung folgt dem eigenen Ein- und Ausatmen. Mit fortschreitendem Training werden die Bewegungsabfolgen immer komplexer, dennoch orientierst du dich weiter am eigenen Atem. Um das hinzubekommen, musst du voll konzentriert und vor allem ganz bei dir sein. Ein Bild, das von Yoga-Lehrern immer wieder gerne verwendet wird, ist das der kreischenden Affenbande, die durch deinen Kopf tobt. Unsere Gedanken stehen nur selten still. Hast du schon einmal versucht, sie anzuhalten? Das ist ziemlich schwierig. Ich bin keine Yoga-Lehrerin, aber für mich ist Yoga weniger ein Sport als vielmehr eine Form der Meditation. Die Gedanken auf bestimmte Bewegungsabläufe zu richten ist einfacher, als sie einfach nur anhalten zu wollen.

Achtsamkeit

Eine Form der Meditation im Alltag ist Achtsamkeit. Dabei richtest du deine Aufmerksamkeit auf die Gegenwart. Wenn du zum Bus gehst, achtest du auf deine Schritte, auf die Umgebung, auf deinen Körper. Wenn du staubsaugst, denke nur an den Staubsauger. Konzentriere dich beim Essen auf das Gericht, schmecke und rieche es bewusst. Kristin vom Lifestyle-Blog www.eattrainlove.de nimmt sich jeden Morgen eine halbe Stunde Zeit, in der sie eine Kanne Tee genießt. Außer Teetrinken tut sie dabei nichts, sie sieht nicht fern, hört kein Radio und unterhält sich nicht. Sie konzentriert sich voll und ganz auf den Tee und seinen Geschmack. Vielleicht fällt dir etwas ein, das du gerne bewusster genießen würdest. Den ersten Kaffee am Morgen? Den Sonnenaufgang, während du am Bahnsteig auf deinen Zug wartest? Das Flackern der Flamme, wenn du abends eine Kerze anzündest? Finde eine Ruheinsel im Alltag und mache diese zu deinem Achtsamkeits-Anker.

Flow

In diesen Zustand kommst du sicherlich manchmal aus Versehen: Du tust etwas und vergisst dabei die Zeit. Es läuft einfach. Du kannst diesen Zustand bewusst herbeiführen. Suche dir eine Tätigkeit, die dich ein ganz klein wenig überfordert. Sie muss eine Herausforderung sein, aber nicht so schwierig, dass du sie nicht schaffst. Die meisten Tätigkeiten führen anfangs zu einem Flow-Gefühl, weil du sie noch lernst. Irgendwann kennst du die Handgriffe jedoch auswendig und dein Geist hat wieder die Möglichkeit, auf Wanderschaft zu gehen. Suche dir Aufgaben im Beruf oder Hobbies, bei denen du ständig dazulernen und deine Fähigkeiten verbessern kannst.

Kreative Konzentrationstechniken

Zentangle

Dieses Konzept hat ein amerikanisches Ehepaar – eine Künstlerin und ein Zen-Mönch – erfunden. Es ist eine Zeichentechnik, bei der es nicht um perfekte Ergebnisse, sondern um die Meditation während des Schaffensprozesses geht. Dafür benötigst du nur einen schwarzen Fineliner und ein Blatt Papier. Original Zentangle werden auf ca. 10 x 10 cm große spezielle Kacheln gezeichnet. Jedoch funktioniert das auf jedem Papier. Male zunächst ein Quadrat, dann unterteile dieses mit ein paar schnellen Strichen, so dass mehrere Bereiche entstehen. Diese füllst du nun mit Mustern, die du dir entweder selber ausdenkst oder im Internet findest. Fehler sind erlaubt, sogar erwünscht, weil sie dich dazu ermutigen, kreative Lösungswege zu finden. Übrigens entsteht Flow auch bei jeder anderen Zeichen- oder Maltechnik. Wichtig ist nur, dass du dich auf den Weg und nicht auf das Ergebnis konzentrierst. Mehr Informationen zu Zentangles findest du unter www.zentangle.de.

Haiku

Kennzeichnend für die traditionelle japanische Gedichtform ist äußerste Reduktion: Höchstens 17 Silben, am besten in der Kombination 5/7/5, darin enthalten ein Wort, das auf eine Jahreszeit hinweist. Dieses Gedicht ist so kurz, dass du es sogar im Kopf ausformulieren kannst. Die Herausforderung besteht darin, genau die richtigen Worte zu finden, um beim Leser ein Bild oder sogar eine ganze Geschichte im Kopf entstehen zu lassen. Haikus zu formulieren erfordert höchste Konzentration, aber nur ein Mindestmaß an Material (einen Stift und Papier). Die amerikanische Minimalismus-Bloggerin Francine Jay sagt, dass das Dichten von Haikus zu ihren Lieblingsbeschäftigungen gehört. Andere Formen moderner Kurzlyrik sind Drabbles, sogenannte 100-Wörter-Geschichten, Elfchen (Gedichte mit der Strophenform 1/2/3/4/1), oder die Twitter-Kurzgeschichten von Florian Meimberg (@tiny_tales).

Wie du siehst, gibt es viele Möglichkeiten, mehr im Moment zu leben. Sicherlich findest du noch eigene Techniken, die dir dabei helfen, deine Gedanken mit deiner Umwelt zu vereinen. Bald schon wirst du merken, dass deine Gedanken ruhiger werden und es dir leichter fällt, dich zu konzentrieren. Und das ist meiner Meinung nach der einzige Weg, wirklich produktiv zu sein: Konzentration. Vergiss ausgeklügelte To-Do-Listen, Organisations-Apps und komplizierte Zielmanagement-Methoden. Konzentriere dich einfach auf eine einzige Sache und lass dich von nichts und niemandem ablenken.
Leo Babauta, der amerikanische Simplicity-Blogger, sagt, dass es reicht, wenn man eine Sache wirklich gut kann. Er selber konzentriere sich seit Jahren darauf, über Einfachheit zu schreiben, und sei deshalb mittlerweile ziemlich gut darin. Mir hilft dieser Gedanke immer, wenn mir mal wieder lauter neue Ideen kommen und ich nicht weiß, welche ich davon umsetzen will. Dann frage ich mich, worin ich irgendwann richtig gut sein will und ob mich diese neue Idee dort hin bringt.

Limits lieben lernen

Wir wollen doch alle ein Leben ohne Limits, oder? Und machen es uns damit ziemlich schwer. Denn Limits sind gut. Sofern du sie richtig zu nutzen weißt. Zum Beispiel, wenn du damit beginnst, deinen Besitz zu verkleinern. Es gibt Menschen, die reduzieren ihr Hab und Gut auf 100 Teile. Warum ausgerechnet 100, frage ich mich oft? Ist das ein Erfahrungswert? Gibt es eine Auszeichnung, wenn man es auf genau 100 Teile schafft? Nein, diese Menschen haben sich einfach selber ein Limit gesetzt und das versuchen sie zu erreichen. Genauso ist es beim Project 333: 33 Kleidungsstücke für drei Monate sind beliebige Zahlen. Es können genauso gut 10 oder 40 oder 99 Teile für fünf oder sieben Monate sein. Wenig bedeutet hier für jeden Menschen etwas anderes.

Limits lassen sich nicht nur in Zahlen, sondern auch in Platz ausdrücken. Manche Menschen besitzen nur so viel, wie in einen Rucksack passt. Das Fassungsvermögen des Rucksacks ist das Limit. Oder so viel, wie sie bei einem Umzug in einem normalen Auto transportieren können.

Wir nutzen unbewusst bereits viele Limits. Diäten beruhen auf Kalorien-Limits. Budgets auf Geld-Limits. Speicherkarten, etwa für Kameras, auf Daten-Limits. Prepaid-Verträge auf Guthaben-Limits. Arbeitsverträge auf Stunden-Limits.

Limits geben dir Orientierung und ein Ziel.

Auf unserem Weg zum Minimalismus fragen wir uns oft, was denn jetzt eigentlich genug ist. Sind fünf Paar Schuhe, drei Räume, vier Kochtöpfe genug?

Entscheide selber, was genug ist. Aus dem Bauch heraus. Du willst nur fünf Bücher besitzen oder nur noch 20 Stunden in der Woche arbeiten? Damit hast du ein Ziel vor Augen, auf das du hinarbeiten kannst. Limits helfen dir dabei herauszufinden, was das Wesentliche ist. Du kannst nicht hundert Paar Schuhe besitzen, wenn in deiner Wohnung nur Platz für einen kleinen Schuhschrank ist und du es aufgeräumt magst. Du kannst nicht Millionen von Liedern auf einem 2-GB-USB-Stick speichern. Du kannst nicht 20 Termine an einem Tag wahrnehmen, so wie du nicht auf zwei Hochzeiten gleichzeitig tanzen kannst. Limits helfen dir nicht nur dabei, sie zwingen dich sogar dazu, eine Auswahl zu treffen und dich auf das Wesentliche zu beschränken.
Ein persönliches Beispiel: In meiner Zeit bei der Lokalzeitung war es normal, eigene und fremde Texte zu kürzen. Für jeden Text war nur ein bestimmter Platz auf einer Seite vorgesehen. Entweder kannte man diesen schon vorher, schrieb also „auf Zeile", oder man formulierte seinen Text vor und musste ihn später anpassen. Grenzenlosigkeit, also eine nicht vorgegebene Zeilenzahl, führte bei vielen Autoren dazu, dass sie lange, langweilige Texte produzierten. Durch das Kürzen waren wir gezwungen, alles Überflüssige zu streichen. Wenn du selber schreibst, probier es aus: Setze dir ein Limit, das unter deiner normalen Wortzahl liegt, und streiche radikal. Die meisten Texte werden dadurch besser.

Limits geben Zufriedenheit.

Entscheidungsfreiheit macht unzufrieden, wie der amerikanische Psychologe Barry Schwartz schon vor

10 Jahren in seinem Buch „The Paradox of Choice" erklärt hat. Je größer die Auswahl, desto unglücklicher sind wir später mit unserer Entscheidung. Denn vielleicht war sie ja falsch? Hätte womöglich eine der 68 anderen Marmeladensorten besser geschmeckt? Vielleicht wäre ich doch lieber Raumfahrtingenieurin oder Neurochirurgin geworden anstatt Journalistin. Wäre ich damit wohl glücklicher geworden? Weil es so wahnsinnig anstrengend ist, immer die richtige Wahl treffen zu müssen, ermüdet unsere Entscheidungsfähigkeit sehr schnell. Je mehr kleine, unnötige Entscheidungen du am Tag treffen musst, desto schwererfällt dir das bei den wichtigen. Deshalb tragen bzw. trugen einflussreiche Menschen wie Mark Zuckerberg, Steve Jobs oder Barack Obama immer dasselbe Outfit: Sie wollen sich ihre Entscheidungsfähigkeit für die wichtigen Dinge aufheben. Du kannst dir diesen Effekt durch selbstgesetzte Limits zunutze machen. Je weniger Auswahlmöglichkeiten du zur Verfügung hast, desto seltener musst du dich entscheiden. Kaufe dir nur schwarze Socken. Iss immer die gleichen Gerichte (die natürlich ausgewogen und gesund sein sollten). Etabliere Gewohnheiten, führe also immer dieselben Handgriffe aus, damit schaltest du quasi auf Autopilot.

Limits erhöhen die Produktivität.
Aufgaben bzw. Arbeit dehnen sich immer in dem Maße aus, wie Zeit dafür zur Verfügung steht. Das habe ich schon oft erlebt. Wenn ich etwas in einer Stunde schaffen musste, dann habe ich das hinbekommen. Wenn ich hingegen den ganzen Tag

für die Erledigung Zeit hatte, habe ich auch den ganzen Tag gebraucht. Deshalb: Setz dir öfter Zeit-Limits. Dazu gehören enge, selbstgelegte Deadlines für große Projekte ebenso wie kurze Zeitspannen für kleine Aufgaben. Schaffst du es, innerhalb von fünf Minuten die Spülmaschine auszuräumen? Mein Rekord liegt bei drei Minuten. Stell dir den Küchenwecker auf 20 Minuten und versuche, in dieser Zeit so viel Hausarbeit wie möglich zu erledigen. Immer mehr Menschen schwören auf die Pomodoro-Technik, bei der du dich 25 Minuten voll auf deine Aufgabe konzentrierst und dann fünf Minuten Pause machst. Auch diese Technik basiert auf dem Einsatz eines vorgegebenen Limits.

Limits regen deine Kreativität an.
Innerhalb eines festen Rahmens fällt es leichter, sich auszuleben. Eine Begrenzung, egal welcher Art, zwingt dich dazu, kreative Lösungsmöglichkeiten zu finden. Beispielsweise ist es gar nicht so leicht, ein Haiku zu schreiben. Die starre Form zwingt dich dazu, dich auf das Wesentliche zu konzentrieren, verschiedene Synonyme zu testen, Sätze ungewohnt umzustellen, Details auf ungewöhnliche Arten zu beschreiben. Du kannst dir in jedem kreativen Bereich deine eigenen Limits setzen: Schreibe beispielsweise einen Text, der nur aus einsilbigen Wörtern besteht. Male ein Bild nur mit einem schwarzen Stift. Stricke etwas aus einem einzigen Wollknäuel. Dekoriere deine Wohnung nur mit Naturmaterialien. Fotografiere nur rote Objekte.

Das Wort Limit stammt vom lateinischen „limes", was so viel wie „Grenze, Grenzweg" bedeutet. Indem du Limits setzt, grenzt du dich also von etwas ab. Du entscheidest, wo du die Grenze ziehst, was also drinnen ist und was draußen. Eine Grenze ist immer eine klare Entscheidung für oder gegen etwas.

Schließe eine Tür, dann öffnet sich ein Fenster

Auf Twitter habe ich folgenden Spruch entdeckt: *„Oma sagte immer: 'Wer zu nichts wirklich NEIN sagen kann, kann auch nie wirklich JA sagen.' Ich habe das lange nicht verstanden."* Was bedeutet das? Wenn man nicht bereit dazu ist, klare Entscheidungen zu treffen, kann man seinen Weg nicht finden.

Ich mag dieses Bild mit den Türen. Eine Tür hinter sich zu schließen, sei wichtig, so sagt man. Warum? Weil es in einem Raum bekanntermaßen ganz schön zieht, wenn alle Türen offen stehen. Im Türen-Schließen bin ich Amateur. Ich scheue mich davor, eine Sache deutlich und unwiderruflich zu beenden. Weil es sein könnte, dass sich das als Fehler herausstellt. Und dann würde ich meine Entscheidung bereuen, müsste meinen Selbstvorwürfen und Zweifeln ins Gesicht sehen und meinen Verstand und mein Bauchgefühl infrage stellen. Auf diese Situation habe ich wirklich keine Lust. Deshalb lasse ich gerne Türen offen, solange ich nicht gezwungen werde, sie zu schließen.

Dabei habe ich, komischerweise, noch nie eine wichtige Entscheidung bereut. Mir fällt jedenfalls keine ein, die heute an mir nagt. Meine Angst vor Reue ist also übertrieben.

Eine Entscheidung FÜR eine Sache ist auch immer eine Entscheidung GEGEN eine Sache. Das funktioniert auch anders herum: Eine Entscheidung GEGEN etwas ist eine Entscheidung FÜR etwas anderes. Man wählt also eine Sache aus, weil beides gleichzeitig nicht geht. Und doch versuchen ich und die ganze „Ich-könnte"-Generation uns so viele Möglichkeiten offen zu halten, wie nur irgendwie geht.

Doch das hat Nachteile. Denn jedes nicht abgeschlossene Kapitel bindet einen. Nicht unbedingt körperlich, aber doch geistig. Unabgeschlossene Dinge spuken uns im Kopf herum und verhindern, dass wir klar denken können. Deshalb hat David Allen seine „Getting Things Done"-Methode (GTD) erfunden, bei der jeder Gedanke sofort aufgeschrieben wird.

Entscheidungsfaulheit betrifft schon Kleinigkeiten. Silvester ist ein schönes Beispiel: Gefühlt ab September muss man sich Gedanken machen, wo man den Jahreswechsel feiert. Ob man überhaupt feiert. Bleibt man zuhause oder nutzt man die Feiertage für eine kleine Reise? Feuerwerk am Arc de Triomphe, auf den Ramblas oder am Time Square, das wär doch mal was! Aber vielleicht steigt irgendwo in der Nähe die Party des Jahrhunderts, von der noch in zehn Jahren alle reden. Und die möchte man natürlich nicht verpassen. Dann ist da noch die Frage: Mit wem feiert man? Soll man selber die Silvesterparty ausrichten? Wen lädt man ein? Kommen wohl genug? Ab Ende November trudeln die ersten Vorschläge und Einladungen herein, doch man kann sich noch immer nicht entscheiden. Du kannst dir sicher denken, wie das ausgeht: Am 30. Dezember sagt man kurzfristig bei einer Feier zu und allen anderen mit schlechtem Gewissen ab und fragt sich bis Neujahr, ob das die richtige Entscheidung war.

Manchmal fällt uns kein Grund ein, warum wir zu

etwas Nein sagen sollten. Zum Beispiel beim Entrümpeln: Das Silberbesteck von Oma nutze ich zwar nicht, aber auf dem Dachboden stört es mich auch nicht. Warum sollte ich es also loswerden? Weil ich sonst immer ein schlechtes Gewissen habe, wenn ich bei besonderen Anlässen nicht Omas Besteck, sondern das ganz normale Alltagsbesteck verwende. Warum sollte ich das angefangene Strickprojekt wegwerfen? Vielleicht bekomme ich noch einmal Lust, daran weiterzuarbeiten? Weil ich immer, wenn mein Blick darauf fällt, daran erinnert werde, dass ich es nicht habe durchziehen können. Warum soll ich das Angebot aus meinem Portfolio nehmen? Vielleicht meldet sich irgendwann noch ein Kunde, der sich dafür interessiert. Weil jedes Angebot mehr nur das eigene Profil verwässert. Alte Karriereberater-Weisheit, könnte was dran sein.

Jede offene Tür mehr sorgt dafür, dass wir uns immer stärker hin- und hergerissen fühlen. Durch welche Tür soll ich gehen, um am schnellsten ans Ziel zu kommen? Hinter welcher Tür liegt der schönste Raum? Wo passiert etwas Aufregendes? Wo fühle ich mich wohl? Jede offene Tür ist eine Option und fordert eine Entscheidung von uns: Durchgehen oder nicht? Am Ende bleiben viele Menschen im Flur stehen, weil sie sich nicht entscheiden können. Die schlechteste Wahl, denn Entscheidungsfreiheit macht bekanntlich unzufrieden.

Wenn du mal wieder vor einer Entscheidung stehst, denk einfach an dieses Zitat: „Wer zu nichts wirklich NEIN sagen kann, kann auch nie wirklich JA sagen."

Unsere Angst vor der Leere

Was empfindest du, wenn du an leere Räume und weiße Flächen denkst? Viele Menschen, mich eingeschlossen, fühlen sich bei diesem Anblick unbehaglich. Warum sonst stellen wir Dekogegenstände in unsere Regale und hängen uns Bilder an die Wände? Oft fürchten wir uns vor der Leere in unseren Wohnungen, in unserem Kalender, in unseren Köpfen. Dabei kann Leere uns so viel bringen.

Ein Text von Susanne Ackstaller auf www.texterella.de hat mich sehr inspiriert. Sie beschreibt einen Winterspaziergang, es gibt ein Foto von einer weiß-grauen Winterlandschaft. Ihre Gedanken dazu:

„Manchmal wünschte ich, mein Kopf wäre so monochrom wie diese Winterlandschaft. Keine Ablenkung. Kein ewiges Rauschen. Die pure Konzentration auf das Wesentliche: in all dem Gedankengestöber nicht vom Weg abzukommen. Einen Schritt nach dem anderen zu machen. Das Ziel zu erreichen."

Was für eine schöne Vorstellung. Im leeren Raum und auf weißen Flächen sehen wir unseren Weg leichter, den zurückgelegten genauso wie den, der noch vor uns liegt. Deshalb brauchen wir ab und zu Leere um uns herum. Freiraum.

Unsere Augen brauchen beim Lesen weißen Raum zwischen den Buchstaben und Zeilen, um sie aufzunehmen. In Galerien hängen Bilder meist weit voneinander entfernt, damit jedes für sich wirken kann. Whitespace ist ein wesentliches

Designelement. In der japanischen Ästhetik kommt weißer, leerer Fläche eine ganz besondere Bedeutung zu. „yohaku-no-bi" bedeutet wörtlich übersetzt „Schönheit von mehr Weiß" (vgl. Garr Reynolds: Zen oder die Kunst der Präsentation. Addison Wesley 2008.). Die Aussage eines Bildes entsteht erst durch die weißen, unbemalten Flächen. Wahrheit verbirgt sich im Ungesagten und Ungezeigten.

Woher kommt also unsere Angst vor der Leere, wenn sie doch so wichtig ist? Vielleicht von der Gefahr, sich selber begegnen zu können. Wenn da auf einmal nichts mehr ist, was dich ablenkt, bleibst nur du selber übrig. Du bist alleine mit dir. Was löst diese Vorstellung in dir aus?

Wir nutzen Konsum und Betriebsamkeit oft, um uns von uns selber abzulenken. Um nicht über uns nachdenken zu müssen. Denn es kann passieren, dass sonst Gedanken und Gefühle ans Tageslicht kommen, mit denen wir uns nicht beschäftigen wollen. Möglicherweise merkst du, dass du mit gewissen Bereichen deines Lebens unzufrieden bist. Dass dir beispielsweise dein Job nicht mehr gefällt oder du deinen Partner nicht mehr liebst. Wird dir so etwas klar, bedeutet das eben auch, dass du dich damit auseinandersetzen musst. Du musst entscheiden, ob du etwas ändern willst oder nicht.

Du bist der Mensch, mit dem du die meiste Zeit deines Lebens verbringst. Deshalb kann es nicht schaden, dich selber besser kennenzulernen. Aber wann nehmen wir uns schon mal die Zeit dafür? Wahrscheinlich kennst du deinen besten Freund bzw. deine beste Freundin besser als dich selber. Woran liegt es, dass wir uns so wenig mit uns selber beschäftigen? Vielleicht haben wir Angst davor, dass wir uns selber nicht leiden können. Was wieder bedeuten würde, dass wir etwas ändern müssten. Und das ist anstrengend.

Ständig nach Ablenkung und Beschäftigung zu suchen ist eine Schutzmaßnahme, um uns nicht mit unseren wahren Wünschen und Problemen auseinandersetzen zu müssen. Daher rührt auch unsere Angst vor der Leere.

Minimalismus als Lebenseinstellung bedeutet, dass du Überflüssiges entfernst, um mehr Platz für das Wesentliche zu schaffen. Das kann manchmal ganz schön schmerzhaft sein. Zum Beispiel, wenn du einen Gegenstand weggibst, der Emotionen in dir wachruft. Oder wenn du plötzlich Dinge freigelegt hast, vor denen du dich fürchtest. Etwa vor deinen Gedanken. Woran denkst du, wenn dich nichts beschäftigt? Welche Gefühle und Erinnerungen tauchen auf deiner weißen Fläche auf?

Du kannst lernen, Leere nicht nur zu ertragen, sondern wertzuschätzen. Gib dir mehr weißen Raum, Stück für Stück. Fang mit einem Regalbrett an. Mit einem Tag in der Woche, an dem du weder To-Do-Listen abhakst noch Termine wahrnimmst. Mach in deinem Leben Platz für Leere, damit du leichter erkennst, was dir wirklich wichtig istund so Schritt für Schritt lernst, dich damit auseinanderzusetzen.

So hältst du das Leben an, wenn es dir zu schnell wird

Unser Hirn ist ständig in Bewegung, läuft auf Hochtouren, verlangt ununterbrochen nach neuem Brennstoff in Form von Informationen. So funktioniert ein Gehirn, Denken ist sein Job. Diese dauernde Betriebsamkeit sehen wir irgendwann als normal an. Hetzen von einem Termin zum nächsten, stopfen uns voll mit neuen Eindrücken, kommen nie zur Ruhe. Eine Folge davon ist, dass wir uns schnell langweilen.

Da kann es passieren, dass einem alles zu viel wird. Ich freue mich über einen ganzen Tag oder ein komplettes Wochenende, an dem ich einfach nichts machen muss. Darum geht es nämlich, ums Müssen. Wir müssen immer so vieles. Uns ständig weiterentwickeln und selbst optimieren, etwas schaffen, präsent sein, in Bewegung bleiben, sonst droht der Stillstand. Seit wann ist Stillstand eigentlich etwas Schlechtes? Ich glaube, seitdem wir uns alle in einem imaginären Hamsterrad befinden. Wir müssen immer schneller werden, um es in Bewegung zu halten.

Manchmal sehne ich mich nach dem Nichtstun. Früher habe ich mich deshalb immer sehr auf die Tage zwischen Weihnachten und Neujahr gefreut. Da waren Ferien. Freizeit! Diese gemütlichen, vollgefressenen, vorfreudigen Tage zwischen den Jahren mag ich noch immer. Sie sind ein Zwischenstadium und fühlen sich auch so an: Das Alte ist vorbei und lässt sich nicht mehr ändern, das Neue drängt einen noch nicht dazu, etwas aus ihm zu machen. Das ist die Zeit, in der man ohne Reue den Geist schweifen lassen kann, morgens lange im Bett liegen bleiben und noch ein paar Stunden lesen kann, sich Zeit lassen darf.

Dieses Nichtstun, das eigentlich ein Nichtstun-Müssen ist, entspannt. Es gibt aber noch eine weitere Stufe: Das absolute Nichtstun. Also einfach irgendwo sitzen, stehen oder liegen und nichts tun. Nicht lesen, nicht Musik hören, nicht fernsehen, sich nicht unterhalten, nicht kochen, keine Situps machen oder Spülmaschinen ausräumen. Wenn du das Nichtstun öfter praktizierst, wirst du merken, dass dir in dieser Zeit die besten Ideen kommen.

Nichts zu tun wird dir keine Freude bereiten, wenn du es überstürzt angehst. Taste dich langsam vor und höre auf, wenn es für dich unangenehm wird. Beginne damit, den Informationszufluss zu drosseln. Geh spazieren, aber ohne Kopfhörer in den Ohren. Setz dich auf eine Bank und beobachte deine Umgebung. Bleib so lange sitzen, wie es sich gut anfühlt für dich. Dann geh weiter. Stell dich morgens fünf Minuten ans Fenster und sieh einfach nur hinaus. Lass deine Gedanken frei. Doch wenn du merkst, dass sie sich um ein bestimmtes Problem drehen, lenke sie auf etwas in deiner Umgebung. Beobachte dich selbst dabei: Wie fühlt sich dein Körper an? Wonach sehnst du dich? Versuche die Momente, in denen du bewusst nichts tust, immer mehr auszudehnen. Baue sie in deinen Alltag ein. Sorge für Ruheinseln, auf die du dich in deiner hektischen Welt immer wieder zurückziehen kannst.

Du kannst auch versuchen, alles ein wenig langsamer zu tun. Gehe langsamer. Fahre langsamer (gut für dein Punktekonto in Flensburg), rede langsamer, iss langsamer. Indem du dich darauf konzentrierst, das Tempo aus einer bestimmten Tätigkeit herauszunehmen, konzentrierst du dich stärker darauf. Du wirst achtsamer.

Ein Hamsterrad hält erst an, wenn du stehenbleibst. Wird dir dein Leben also manchmal zu schnell, halte inne, sieh dich um und entscheide erst dann, wie schnell du weiterlaufen willst.

Können Minimalisten und Nicht-Minimalisten zusammenleben?

Vor ein paar Monaten drehte sich mein Freund eines Abends zu mir um und fragte: „Was ist, wenn uns dein Minimalismus irgendwann im Weg steht?" Diese Frage beschäftigt mich schon lange. Wie erklärt man Familie und Freunden, die mit dem Thema noch nie etwas zu tun hatten, seine Vorstellungen von einem minimalistischen Leben, ohne sie zu verprellen? Wie können Minimalisten und Nicht-Minimalisten zusammenleben?

Jeder Mensch lebt anders, deshalb kann ich dir nur erzählen, wie ich mit diesem Problem umgehe. Denn es ist ein Problem. Du lebst mit jemandem zusammen und plötzlich merkst du, dass du vieles nicht mehr willst, was unsere Gesellschaft als normal und erstrebenswert ansieht. Es geht ja nicht nur darum, den eigenen Besitz zu reduzieren. Auf dem Weg zum Minimalismus stellst du fast jeden Bereich deines Lebens infrage. Wenn du dich entscheidest, minimalistisch zu leben, betrifft das nicht nur dich, sondern auch deine Angehörigen. Wie kann man es schaffen, die Beziehung nicht weg zu reduzieren?

Vor über zwei Jahren begann ich, mich für den Minimalismus zu interessieren. Ich fing an, alles Mögliche zu entrümpeln, zu hinterfragen, loszuwerden. Anfangs fand mein Freund das ganz gut, weil zum Beispiel mein Kleiderschrank aus allen Nähten platzte und ich schon Teile seiner Schrankhälfte besetzt hatte. Ich würde seine Sachen niemals anrühren, deshalb hielten sich seine Sorgen wohl auch in Grenzen. Doch es gibt in so einem Haushalt eben auch viele Gegenstände, die man gemeinsam benutzt und besitzt. Da kommt es dann doch mal zu Diskussionen. Beispielsweise ist unser Fernseher nun schon fünf Jahre alt. Er funktioniert meistens noch einwandfrei. Ich sehe es nicht ein, ihn gegen ein neueres Modell zu tauschen, mein Freund jedoch ist fasziniert von technischen Geräten aller Art und würde ihn lieber heute als morgen ersetzen. Noch ist diese Sache nicht entschieden.

Mein Freund ist im Grunde selber Minimalist, er würde sich nur nie so bezeichnen. Er hasst Shopping und besitzt nicht übermäßig viele Kleidungsstücke. Er strebt, genauso wie ich, nicht nach Statussymbolen. Er schätzt sein Privatleben und lebt nicht nur für die Arbeit. Wir sind in vielen Punkten unterschiedlich, aber bei den wichtigen doch einer Meinung.

Die meisten Menschen in meiner Umgebung akzeptieren meine Ansichten, wenn sie denn überhaupt zur Sprache kommen. Denn ich versuche niemals, jemanden zu missionieren. Spricht mich jemand auf Minimalismus an, erkläre ich, was dahinter steckt. Ich sage, dass ich mich jetzt öfter frage, was ich wirklich brauche und was überflüssig ist. Dass ich so Geld und Zeit spare und entspannter bin. Aber ich akzeptiere, dass andere Menschen auf andere Dinge Wert legen. Dass sie gerne shoppen gehen und gewisse Dinge brauchen, um sich in ihrer Haut wohlzufühlen. Dass sich Menschen in unterschiedlichen Maßen darüber definieren, was andere von ihnen denken. Dass Kaufen ein gutes Gefühl gibt und Weggeben Verlustängste weckt.

Dass nicht jeder Lust und Zeit hat, sich damit auseinanderzusetzen.
Meine Mutter fragte mich einmal entsetzt, ob ich jetzt Asket würde. Sie hat wahrscheinlich die Horrorvorstellung, dass ich in eine selbstgeschreinerte Holzhütte ziehe und mich nur noch von Wildkräutern ernähre. Ich finde es schade, dass Minimalismus so falsch verstanden wird. Nein, ich möchte nicht in eine Hütte ziehen und Wildkräuter sind nicht mein Ding. Extreme mag ich nicht. Ich lebe ziemlich normal, nur mit weniger Druck und weniger Stress. Es ist so, wie ich leben möchte. Es ist genug, jetzt in diesem Augenblick sogar genau richtig. Ich lasse mich gerne von anderen Menschen inspirieren, aber ich möchte niemanden kopieren.
Und die Moral von der Geschichte? Der Minimalismus wird uns nicht auseinanderbringen. Weil ich es in der Hand habe, wie weit ich Minimalismus leben will. Und vor allem, weil ich Minimalismus nicht als „Wer hat weniger"-Spiel verstehe, sondern als Lebenseinstellung. Es geht nicht um den Besitz, sondern um die Gedanken dahinter.

Und hier das Ganze noch einmal zusammengefasst:

Kann ich jemanden davon überzeugen, ebenfalls minimalistisch zu leben?
Nein, du kannst nur ein Vorbild sein. Versuche niemanden zu missionieren oder zu ändern, sonst schlägst du denjenigen ganz schnell in die Flucht. Ändert er oder sie sich nur aus Liebe zu dir, aber nicht aus Überzeugung, wird euch das irgendwann

einholen. Andererseits solltest du dich auch nicht dazu zwingen lassen, etwas zu tun oder auf eine Weise zu leben, die du nicht möchtest.

Muss ich auf den Minimalismus verzichten, um den anderen zu halten?
Nein. Ich glaube zwar, dass man sich in einer Beziehung – und zwar nicht nur mit einem Partner, sondern auch in Freundschaften – immer ein Stück weit verändert. Aber wenn es um deine innersten Überzeugungen geht, musst du bleiben können, wie du bist.

Was ist, wenn ich in einer kleinen, aufgeräumten Wohnung leben will, mein Partner aber vom Gegenteil träumt?
Wer sagt, dass ihr unbedingt zusammen wohnen müsst? Warum behält nicht jeder seine Wohnung und richtet sie so ein, wie er oder sie es mag? OK, ihr wollt eine Familie gründen oder habt schon eine, da ist das schwieriger. Dann versucht wenigstens, jedem einen privaten Raum zu geben. Falls es nicht möglich ist, dass jeder sein eigenes (Schlaf-)Zimmer hat, richtet euch private Ecken ein, euer eigenes kleines Reich. Oder ihr beschließt, dass jeder einen Raum ganz nach seinen Vorstellungen einrichten darf.

Ich möchte weniger arbeiten, aber mein Partner sagt, dass wir uns das nicht leisten können. Was soll ich tun?
Erst mal musst du feststellen, ob das stimmt. Rechne alles durch: Welche Kosten könntet ihr streichen, worauf problemlos verzichten? Was würde es dir

und vor allem euch bringen, wenn du weniger arbeitest? Vielleicht träumt dein Partner ebenfalls vom Downsizing, aber hat Angst vor diesem Schritt? Sprecht über dieses Thema, erklär ihm oder ihr deine Gründe und die Vorteile für euch beide. Letztlich ist es aber dein Leben. Du entscheidest, was du mit deiner Zeit machst, niemand sonst.

Meine Familie und Freunde halten meinen Minimalismus für einen Spleen. Wie erkläre ich ihnen, dass das keine vorübergehende Idee, sondern eine Lebenseinstellung ist?
Willst du dich wirklich auf diese Diskussion einlassen? Zeig ihnen doch einfach, dass du es ernst meinst, indem du an deiner Lebensweise festhältst. Ansonsten: Jeder Mensch klagt ab und zu über Zeitnot, Geldnot, mangelnde Freiheit. Kurz: Er jammert. Wenn sich jemand bei dir ausheult, deute doch an, dass du diese Probleme aufgrund deiner Lebenseinstellung nicht mehr hast. Sei nicht schadenfroh, sondern hilfreich. Vielleicht fällt der Groschen beim anderen ja auch irgendwann.

Konsum zerstört die Welt

Minimalismus wirkt sich nicht nur auf dein Leben, sondern auch auf die Umwelt und die Gesellschaft positiv aus. Den meisten Minimalisten ist dieser Aspekt sehr wichtig: Wer weniger kauft, verbraucht weniger Ressourcen und schont so die Umwelt. Außerdem können wir mit unseren Konsumentscheidungen ein wenig dazu beitragen, dass unfaire Produktionsbedingungen in armen Zulieferländern irgendwann der Vergangenheit angehören. Wie unsere Alltagsprodukte hergestellt werden, können wir nur schwer verfolgen. Zu global ist die Produktionskette mittlerweile. Ob die Näherin in Bangladesch, die dein T-Shirt genäht hat, fair bezahlt und behandelt wurde, ist nicht leicht herauszufinden. Indem du diese Sachen nicht kaufst, sabotierst du die unfaire Produktionskette. Minimalisten kaufen nur wenige, dafür aber hochwertige und fair und umweltfreundlich hergestellte Dinge. Sie können es sich leisten, weil diese Gegenstände länger halten. Und weil sie nicht ständig Geld für günstige Wegwerfprodukte ausgeben.

Insofern ist Minimalismus auch Konsumkritik. Du wehrst dich dagegen, von den Herstellern dazu verführt zu werden, immer wieder Neues zu kaufen. In jeder Branche gibt es Trends, die sich immer schneller gegenseitig ablösen. Dabei bringt die neueste Version eines Artikels nicht automatisch mehr Wert mit sich. Sie ist nur neuer. Das soll uns immer wieder dazu bringen, zu kaufen. Minimalisten meiden Werbung und gehen nicht shoppen. Es lebt

sich viel entspannter, wenn man nicht ständig auf der Jagd nach dem neuesten Schnäppchen ist.
Mit ihrer Konsumeinschränkung schwimmen diese Menschen gegen den Strom. Du wirst manchmal komische Blicke und Fragen bekommen, wenn du erklärst, dass du ab jetzt weniger kaufst. Manche Menschen könnten sogar wütend reagieren. Nimm es ihnen nicht übel, sie haben, so wie du, über Jahre hinweg gehört, dass die oberste Pflicht des Bürgers der Konsum ist. US-Präsident George W. Bush rief die Menschen nach den Anschlägen des 11. September 2001 dazu auf, mehr zu kaufen und so zum Wirtschaftswachstum beizutragen. Absurd, ich weiß, aber das hören wir jeden Tag.
Nicht für jeden Minimalisten ist Konsumkritik der Motor für seinen oder ihren Lebenswandel. Manche möchten sich einfach nur von Dingen befreien, die sie belasten. Egal, was dein Antrieb ist, mit einem minimalistischen Lebensstil tust du nicht nur etwas Gutes für dich, sondern für die ganze Welt. Ein Grund mehr, leichter zu leben.

FÜNFTES KAPITEL

Erfahrungsberichte

Immer schön mobil bleiben

Philipp Drehmann ist 23 Jahre alt und studiert zurzeit in Israel. Mehr von ihm erfährst du auf seinem Blog www.woistphilipp.de

„Ich erinnere mich noch genau an zwei Ideen, die mich meine Kindheit lang begleitet und im weiteren Werdegang besonders stark beeinflusst haben. Die erste war Autarkie – auch wenn ich als Kind noch keine Ahnung hatte, dass man das so nennt. Meine Eltern fuhren mit mir jeden Sommer für zwei Wochen nach Osttirol. Wir übernachteten auf einem urigen Bauernhof. Die Familie des Hofes gab sich alle Mühe, dass wir uns wohlfühlten, was sich besonders im üppigen Frühstück zeigte. Besonders schön fanden wir, dass alles selbst gemacht war: Milch, Butter und Käse gewann die Familie von den eigenen Kühen, die am Hang frische Alpenkräuter in Hülle und Fülle hatten. Wurst und Schinken kamen von den hauseigenen Schweinen und die Eier stammten vom Nachbarshof. Kuchen und Holunderblütensirup waren selbstverständlich selbst gebacken und gebraut. Nach dem mächtigen Frühstück ging es täglich auf den Gipfel hinauf und auch die eine oder andere Alm passierten wir natürlich. Diese hatten häufig Anschluss an Gebirgsbäche, welche ihnen nicht nur Zugang zu sauberem Wasser sondern auch Strom sicherten. Und Kühe, Hühner und frische Kräuter gab es hier natürlich jede Menge.

Ich fand das toll! Die Menschen hatten alles, was sie brauchten, vor Ort. Als Kind war ich davon total begeistert. Andererseits fand ich die für mich zweite prägende Vorstellung, nämlich jederzeit mobil zu sein, sehr anziehend. Deshalb waren meine Helden in ausgedachten Geschichten meistens Reisende, beispielsweise in einem von Pferden gezogenen Wohnwagen. Schließlich brauchte ein Pferd ja nur Gras und Wasser und das ließe sich, im Gegensatz zu Erdöl, überall finden.

Zehn Jahre später zog ich bei meinen Eltern aus. Ich trat meinen Wehrdienst an und verdiente das erste Mal selbst Geld. Freilich waren das nicht Unmengen. Doch wenn man bedenkt, dass man als Wehrdienstleistender keine laufenden Kosten hat, schafft das doch recht viele Möglichkeiten. Ich begann also mein Geld in meine Interessen zu investieren: Endlich konnte ich mir einen Laptop kaufen, ohne monatelang darauf sparen zu müssen. Ich konnte mir DVDs kaufen, um Filme wieder und wieder zu schauen. Und ich konnte mich mit meiner Reiseausrüstung für jedes Abenteuer wappnen.

Während meines ersten Studienversuchs in Dresden arbeitete ich in einem Laden für Outdoor-Ausstattung. Was gäbe es für eine passendere Nebentätigkeit, wenn man, wie ich, so gern draußen unterwegs war? Die dort gewährten Rabatte machten es mir echt leicht, mich auf Angebote jeglicher Art einzulassen. Natürlich hatte ich bereits einen großen Rucksack mit 80 Liter Fassungsvermögen für mehrwöchige Trekkingtouren, aber ein Rucksack für Tageswanderungen im Elbsandsteingebirge schadete sicherlich nicht. Der war so geformt, dass stets Luft an den Körper kam, weshalb man endlich keinen nassen Rücken mehr beim Wandern hatte. Kurzerhand war er mein. Leider machte es diese Formung unmöglich, ihn für die Uni zu verwenden, denn meine Hefter wurden darin alle geknickt. Da brauchte ich schon etwas anderes. Praktischerweise gab es in unserem Laden einen Fahrradrucksack. Was hätte besser für einen Studenten geeignet sein können? Und dann war eines Tages ein Alpinrucksack im Sonderangebot. Ich meinte, ein Trekkingrucksack wäre eine Sache, aber ein Alpinrucksack mit nur 40 Litern und dafür noch Schlaufen für Kletterseile? Das wäre perfekt, wenn ich eines Tages auf meinen Hüttenwanderungen nicht nur Bergsteigen, sondern auch Klettern gehen würde.

Und das ist nur ein Beispiel, wie ich damals

versuchte, mich auf alle Eventualitäten vorzubereiten. In unserer WG richtete ich mich recht häuslich ein. Alles in allem war in Dresden alles perfekt: Ich hatte einen großartigen Freundeskreis, konnte meine Hobbys ausleben, konnte reisen, hatte eine Nebentätigkeit mit tollen Kollegen und mein Studium der Medieninformatik fand ich theoretisch auch interessant – aber eben nur in der Theorie.

Ich hatte so meine Bahn, auf der ich gemächlich durch mein Leben gondelte: Schule, Wehrdienst, Studium und dann hätten eigentlich Beruf und Rente kommen sollen. Doch eigentlich hatte ich später mal beim Film arbeiten wollen. Aber sicherlich wäre es nicht verkehrt, zunächst mal etwas zu studieren, was mir einen Arbeitsplatz sichern würde. Eigentlich hatte ich Interesse an der Materie meines Studiums gehabt, aber tatsächlich waren die für mich interessanten Vorlesungen stark in der Minderheit. Eigentlich hatte ich gar nicht vorgehabt, für immer in Dresden zu bleiben. Klar gefiel es mir dort, aber es gab so viel zu sehen auf der Welt und wann sollte ich das alles erkunden? Eigentlich hatte ich mir überhaupt nicht vorstellen können, wie ich jemals so viel Geld verdienen sollte, um mir Familie, Auto, Haus plus Inventar und Urlaube leisten zu können.

Und wo sollte ich eigentlich all die Dinge unterbringen, die sich im Laufe der Zeit ansammelten? Es kamen ja immer neue Filme heraus. Selbst wenn nur jeder hundertste sehenswert wäre, hätte das früher oder später ein Problem bedeutet. Und mein zwölf Quadratmeter großes Zimmer war damals schon zum Platzen gefüllt.

Wahrscheinlich wäre es zu einfach gewesen, wenn

ich auf die naheliegendsten Lösungen gekommen wäre: Meine Eltern hatten mir seit meiner Kindheit erzählt, dass man nicht immer das Neuste und alles haben und mitmachen muss. Dennoch wurde ich meiner Meinung nach sehr verwöhnt erzogen. Ich kann mich an keinen Kindheitswunsch erinnern, den mir meine Eltern verwehrt hätten. Oder ich hätte mich an all die Gespräche mit meinem Mitbewohner erinnern können, der bereits Minimalismus für sich entdeckt hatte.

Nichts dergleichen geschah. Das Leben hatte eine eigene Antwort für mich: Scheitern. Ich fiel zum wiederholten Male durch eine wichtige Prüfung und somit war mein Studium beendet. Kurzum brauchte ich eine neue Perspektive, die für mich recht naheliegend war: Ich wollte unbedingt Filmemacher werden, also versuchte ich es endlich direkt.

Kaum war ein Volontariat gefunden, packte ich schon meine Kisten, um zunächst nach Stuttgart und direkt im Anschluss nach München zu ziehen. Da ich wusste, dass meine Zeit dort begrenzt sein würde, packte ich von vornherein eher wie für eine Reise: Was würde ich während meiner Zeit dort wirklich brauchen? Alles andere brachte ich erst mal zu meinen Eltern.

Tatsächlich habe ich während meiner Zeit in München nicht eine Sache vermisst. Ich war mit Projekten und neuen Beziehungen viel mehr beschäftigt, als darüber nachzudenken, was ich mir von meinem nächsten Monatsgehalt hätte leisten können. Und ich war begeistert davon, mit wie wenig ich eigentlich auskommen konnte. Und das nicht nur, weil ich viel weniger Zeit zum Putzen benötigte, sondern weil ich endlich wieder das

Gefühl von Mobilität hatte.
In der Folge hat sich auch mein Denken über Autarkie geändert: Ich bin nicht autark, wenn ich selbst auf jede nur erdenkliche Situation vorbereitet bin. Aber Gemeinschaft mit anderen Menschen macht stark. Das erlebe ich auch heute noch jedes Mal, wenn ich ins lieb gewonnene Osttirol zurückkehre und von einer Alm zur nächsten als Bote fungiere. Mit dem Käse für die Hüttenwirtin solle ich doch ausrichten, dass sie gern mal wieder ihren leckeren Zwetschgenkuchen vorbeikommen lassen darf.
Das funktioniert auch in der Stadt. Wir haben uns bereits vor Jahrtausenden davon entfernt, dass jeder Mensch alles können muss, um zu überleben. Wir teilen Arbeit auf, im besten Fall nach unseren Talenten, damit jeder das Bestmögliche zu unserer Gesellschaft beitragen kann. Genauso, wie wir Arbeit teilen, können wir das auch mit unseren Werkzeugen und anderen Besitztümern tun. Wie oft nutzen wir manche Gegenstände? Höchstens einmal im Jahr oder auch nie? Fakt war: Durch den Kauf so vieler Rucksäcke nutzte ich jeden einzelnen viel seltener, weil jeder sein ganz spezielles Anwendungsgebiet hatte. Und die meisten Rucksäcke lagen den Großteil der Zeit nutzlos in der Ecke.
Gleiches galt für meine zweihundert DVDs, denn wie oft kann man jeden einzelnen Film schon wieder und wieder schauen, wenn man noch neue Filme entdecken möchte? Ich fing also an, mich zu trennen, als ich in die Nähe von Darmstadt zog. Für meine DVDs fand ich in Freunden und Kommilitonen freudige Abnehmer, viele Bücher nahm die

städtische Bibliothek gern an. Technische Geräte versteigerte ich im Internet. Als ich nach Frankfurt zog, spendete ich überschüssige Kleidung und Dekorationsartikel an wohltätige Organisationen.
Das klingt zwar nach einem großen Schritt, war aber eigentlich nur der Anfang für mich. Ich ziehe wahrscheinlich überdurchschnittlich oft um, aber gerade das hilft mir, keine unnötigen Dinge anzusammeln. Denn einfach nur durch die Tatsache, dass ich eine gewisse Zeit an einem Ort lebe, sammeln sich bereits Dinge an: Aufzeichnungen, Utensilien und Gewürze für die Küche, Projektunterlagen und vieles mehr. Deshalb bleibe ich stetig beim „Ausmisten".
Neben dem äußerlich sichtbaren Prozess findet aber noch viel stärker eine innere Entwicklung statt. Ich hinterfrage nicht nur meinen Besitz, sondern auch meine Projekte, Beziehungen und sonstigen Aktivitäten und richte sie nach meinen neuen Grundsätzen aus: Ist es mir meine Zeit wert, hinter flüchtigen Beziehungen herzujagen? Schaffe ich mit diesem Projekt für andere Menschen einen echten Mehrwert, der nicht nur aus Zahlen besteht? Oder habe ich das Gefühl, ich verschwende meine letztlich begrenzte Zeit mit einer Tätigkeit, die weder mir selbst noch Menschen, die ich liebe, Freude bringt?
Was dann noch übrig bleibt, ist die Essenz, das Wesentliche. Das, was wirklich Bedeutung hat in meinem Leben.
Dorthin gelange ich aber nicht, indem ich einen Schalter umlege. Es ist ein Weg, den ich gehe, um das Beste aus meinem Leben zu machen. Und dabei gibt es so viele Wege, um das zu erreichen. Man muss sie nur für sich ausmachen.

Meiner ist recht unbequem, aber genau richtig für mich: Ich studiere und arbeite beim Film mit Schwerpunkten auf Drehbuch, Regie, Produktion und Schnitt und versuche dabei, möglichst viel von der Welt zu sehen. Praktischerweise funktioniert das in dieser Branche ganz gut, weil man viele Dinge ortsunabhängig schaffen kann und für alles andere immer mal woanders aktiv ist. Derzeit ist das bei mir Jerusalem.
Durch meine häufigen Ortswechsel werde ich nicht nur immer mehr Dinge los, sondern ich bin immer wieder gezwungen, mich neu einzuleben, neue Menschen kennenzulernen und mich mit anderen Lebensmodellen auseinanderzusetzen. Das ist nicht immer leicht, aber es ist das, was ich möchte. Und es zeigt mir, was mir im Leben wirklich wichtig ist. Ich will nicht jeden Tag im gleichen Raum arbeiten, die gleichen Abläufe haben und einen Tag nach dem anderen verstreichen lassen, ohne meinen Zielen näher zu kommen. Stattdessen strebe ich nach persönlicher Weiterentwicklung und dem Erlernen neuer Fähig- und Fertigkeiten – auch nach meinem Studium.

Meine Art zu leben spricht sicher nicht jeden an. Und es ist bei Weitem nicht die einzige Möglichkeit, Minimalist zu sein. Ebenso wenig wird dieses Buch alle Wege aufzeigen. Jeder geht seinen eigenen Weg. Und für deinen möchte ich dir noch ein paar Tipps mitgeben:

Arbeite dich von außen nach innen vor.
Gerade bei neuen Projekten oder Abschnitten im Leben hilft es, stetig Fortschritte zu sehen, um

motiviert zu bleiben. Im Fall von Minimalismus kann das für den Anfang das Ausmisten von ungenutzten Dingen sein, die man ohnehin nicht mag und zu denen man keine persönliche Beziehung hat. Auf diese Weise sieht man recht schnell eine Wirkung und schafft gleichzeitig bereits mehr Klarheit, was sich auch im Kopf widerspiegeln wird.

Setze Prioritäten.
Das setzt zunächst voraus, dass du darüber nachdenkst, was dir im Leben wichtig ist und wo du hin möchtest. Du gelangst viel leichter an deine Ziele, wenn du dich auf sie fokussierst. Das bedeutet sowohl, sich auf eine Sache zur gleichen Zeit zu beschränken, als auch Nebensächlichkeiten zu ignorieren. Warum deine Zeit mit Dingen verschwenden, die dir ohnehin nicht wichtig sind, wenn du sie ebenso in die bedeutungsvollen investieren kannst?

Gib dir Zeit.
So wie bei allen anderen Angelegenheiten will auch bei Minimalismus gut Ding Weile haben. Minimalismus ist ein Weg, kein Status. Jede Minute mehr, die du auf dem Weg verwendest, zahlt sich aus. Stell dir vor, du bist auf einer Wanderung und beschreitest deine Tagesstrecke von 18 Kilometern in zwei Stunden. Dann musst du mit einem emsigen Tempo durchgerannt sein. Wenn du dir für die gleiche Strecke aber vier Stunden nimmst, kannst du auch mal innehalten und die Aussicht genießen oder die Atmosphäre des Ortes mit allen Sinnen aufsaugen. Ebenso wie bei der Wanderung mehr Zeit eine intensivere Erinnerung hinterlassen wird,

bedeutet mehr Zeit für Minimalismus eine nachhaltigere Wirkung. Und über einige Entscheidungen wirst du ohnehin eine Weile nachdenken, bevor du sie fällst. Es gibt also keinen Grund, loszurennen, als würde dich jemand mit einem Knüppel verfolgen. Du legst dein eigenes Tempo vor.

Nun wünsche ich dir alles Gute beim Beschreiten deines Weges!"

„Minimalismus ist eine Lebensaufgabe“

Huong Tran, 37, lebt mit ihrem Freund und ihrer einjährigen Tochter in Bochum.

Wenn Huong etwas Neues braucht, denkt sie heute lange darüber nach. Sie recherchiert langlebige und nachhaltige Produkte, vergleicht und versucht schließlich, diese gebraucht zu kaufen. Das war nicht immer so. Früher hat sie gerne und viel gekauft. „Aber heute brauche ich diese Tröster nicht mehr.“
Als Kind, erzählt sie, habe sie sich immer eine Levis-Jeans gewünscht. Aber das konnten sich ihre Eltern bei fünf Kindern nicht leisten. „Unsere Wünsche waren groß. Und der Vergleich mit anderen tat manchmal weh.“ Weil Geld immer knapp war, wurde selten etwas weggeworfen. Die Wohnung war überfüllt mit Dingen, die man vielleicht noch gebrauchen könnte. „Meine Eltern haben es einfach geliebt. Sie liebten Deko-Material und jede Menge Fotos an den Wänden. Sie konnten es einfach nicht ausstehen, wenn ein Platz in der Wohnung ungenutzt blieb.“ Als Kind fand Huong die volle Wohnung ihrer Eltern gemütlich. Das änderte sich erst später.
Ihre Wünsche erfüllte sie sich als sie zum ersten Mal eigenes Geld verdiente. Und so wurde Shopping für sie zu einem Hobby. „Dass ich zum ersten Mal im Leben richtig Geld verdiente, habe ich in vollen Zügen genossen und es für Konsumgüter, hauptsächlich Kleidung, ausgegeben. Es war wie eine Sucht: Stets musste etwas Neues her, das Alte

war schnell langweilig." Sie kaufte möglichst günstige Teile, dafür aber mehr. Auch Accessoires, Bücher, Kosmetikprodukte und Deko-Artikel standen auf ihrer Shoppingliste. Ihr Zimmer im Studentenwohnheim war bald fast so voll wie das kleine Kinderzimmer in der Wohnung ihrer Eltern. Huong sammelte. Glücklich machte sie ihr Konsum langfristig jedoch nicht: „Für diese Sachen habe ich mein ganzes Geld ausgegeben und fühlte mich trotzdem nicht erfüllt. Dieses Haben-Wollen hat mich stark belastet. Es gab Tage, da war ich richtig traurig, wenn ich mir etwas nicht leisten konnte."

Kurz vor dem Ende ihres Sozialwissenschaftsstudiums ging Huong für drei Monate nach Afrika, um in einem Waisenhaus zu arbeiten. Dieser Auslandsaufenthalt öffnete ihr die Augen. Denn die Menschen, denen sie dort begegnete, hatten wirklich nichts. Der Eindruck, dass diese Menschen trotzdem glücklich sind, ist ihrer Meinung nach falsch. „Sie sind nicht glücklich, auch wenn sie immer lächeln. Wenn deine Grundbedürfnisse – Sicherheit, genug Essen und Trinkwasser, Gesundheitsversorgung – nicht erfüllt werden, dann kannst du nicht glücklich sein, weil du ständig mit existenziellen Sorgen zu kämpfen hast." Im Vergleich zu vielen anderen Ländern leben sogar die ärmsten Deutschen in Wohlstand. Das sollten wir uns bewusst machen.

In diesen drei Monaten entdeckte sie auch, wie leicht man sich ohne viele Besitztümer fühlt: „Ich merkte wie befreiend es war, nur einen Rucksack voller Sachen zu besitzen. Mir fehlte nichts. Im Gegenteil: Ich war erfüllt von dem, was ich erlebte." Sie genoss es auch, sich nicht mehr jeden Tag schick anziehen

und zurechtmachen zu müssen. „Ich habe zum Beispiel viel seltener geduscht und mich trotzdem wohlgefühlt." Nach ihrer Zeit in Afrika sah sie ihr Leben in Deutschland mit ganz anderen Augen.
Wieder daheim zog sie zunächst wieder bei ihren Eltern ein und fühlte sich von ihrem eigenen Besitz und den vielen Gegenständen, die sie hatte, erdrückt. Sie mistete alles aus, was sie nicht benötigte. Für ein Volontariat ging sie nach Stuttgart und mietete dort ein 22 m² großes Appartement, das sie nach ihren Vorstellungen einrichtete. Statt eines Bettes und einer Couchgarnitur besaß sie ein Schlafsofa. Das, ein kleiner Kleiderschrank, ein Schreibtisch und zwei Wandregale waren die einzigen Möbelstücke in ihrer Wohnung. Anfangs kam sie mit dem Reduzieren jedoch nur schwer voran: „Ich habe erst entrümpelt, dabei aber fleißig weiter konsumiert." Schließlich merkte sie beim Entrümpeln wie viele sinnlose Dinge sie ständig dazu kaufte und hinterfragte auch ihren Konsum. „Das ist ein innerer Entwicklungsprozess, den man durchlaufen muss, um etwas zu ändern. Das kann einem niemand abnehmen."
Heute, sieben Jahre später, lebt Huong mit ihrem Freund und der gemeinsamen Tochter in Bochum. Ihr Freund, sagt sie, sehe sich zwar nicht als Minimalist, aber Umweltschutz und Nachhaltigkeit lägen ihm genauso am Herzen wie ihr. Mit ihrer Wohnung ist sie zufrieden, auch wenn diese ihrer Meinung nach nicht besonders minimalistisch wirkt: „Mein Freund und ich teilen uns einen kleinen Kleiderschrank. Ich besitze nur noch Lieblingssachen. Bücher lese ich digital, ich kann es mir nicht mehr anders vorstellen." Alle Kosmetikartikel der Familie

passen in einen kleinen Spiegelschrank. Als nächster Raum ist die Küche an der Reihe. „Ich entdecke tatsächlich immer wieder etwas, von dem ich mich trennen kann."
Nicht trennen möchte sie sich allerdings vom Inhalt ihres Kreativschrankes. Während ihrer Schwangerschaft hat sie das Häkeln für sich entdeckt. Und sie näht, hauptsächlich Kinderkleidung sowie Mützen für Erwachsene.
Nebenbei haben sich auch ihre Ziele vereinfacht. Früher, so erzählt sie, habe sie so viele Länder wie möglich bereisen wollen. Dabei hatte sie aber das Gefühl, diese Reisen nur noch zu konsumieren. Deshalb entscheidet sie mit ihrer Familie ganz bewusst, welche Reisen sie wirklich machen will. Eines dieser Reiseziele soll eines Tages ihr Heimatland Vietnam sein, das sie noch nicht kennt.
Auch ihre Einstellung zu ihrem Job in einem Lehrbuchverlag hat sich verändert. „Ich mache meinen Beruf nach wie vor gerne. Er nimmt aber gedanklich und zeitlich nicht mehr so viel Raum in meinem Leben ein." Huong hat sich entschlossen, nicht so schnell wieder in ihren Beruf zurückzukehren, sondern die ersten Jahre ganz intensiv mit ihrer Tochter zu verbringen. „Sie gibt mir den größten Sinn im Leben. Deshalb möchte ich für sie da sein."
Nachhaltigkeit ist ihr heute wichtiger als früher. Sie kauft fast nur noch gebrauchte Gegenstände oder Produkte, die lange halten und plastikfrei sind. Dafür geht manchmal genauso viel Zeit und Geld drauf wie früher, als sie noch oft shoppen ging. Hat sie sich beispielsweise für ein bestimmtes Regal entschieden, wartet sie mit dem Kauf so lange, bis

sie es auf einem Kleinanzeigenportal entdeckt. Dort stellt sie auch selber ihre aussortierten Gegenstände ein, zum Beispiel Kinderkleidung oder Spielsachen, an denen ihre Tochter das Interesse verloren hat. „Deshalb habe ich auch kein schlechtes Gewissen, wenn ich dort etwas kaufe. Ich gebe es ja wieder zurück in den Kreislauf."

Huong ist froh, dass sie vor sieben Jahren den Minimalismus für sich entdeckt hat. „Ich habe das Gefühl, dass ich mich positiv weiterentwickelt habe. Es geht mir gut, weil ich mich weniger gefangen fühle im Konsumzwang und ich mich weniger mit anderen vergleiche. Der Gedanke, mit weniger Geld auszukommen, beruhigt mich. Und ich bin froh, dass ich etwas dazu beitragen kann, dass weniger Ressourcen verbraucht werden." Dass sie jemals ankommen wird, glaubt sie nicht und das ist auch gut so: „Minimalismus ist eine Lebensaufgabe, man kommt nie an. Aber ich bin jetzt zufrieden und werde immer zufriedener."

Mehr Geld für Abenteuer

Silke Jankowski ist 29 Jahre alt und lebt in Bayern. In ihrem Blog www.minimalisch.de berichtet sie von ihrem reduzierten Lebensstil.

Wie bist du zum Minimalismus gekommen?
Silke: Als ich häufiger in der Wohnung meines Freundes als in meinem WG-Zimmer war, hatte ich immer nur ein paar Kleidungsstücke und meine Unterlagen für die Uni dabei. Da habe ich gemerkt, dass ich gar nicht so viel brauche um glücklich zu sein, wie ich immer gedacht habe. Meine Rucksacktour in Irland im Jahr 2014 hat das noch einmal bestätigt. Seitdem minimiert sich unser Besitz immer weiter.

Ist dir dabei etwas besonders schwer gefallen?
Schwer gefallen ist mir eigentlich nur, nichts Neues zu kaufen. Ich gehe nämlich wirklich gerne shoppen und ständig werden so viele schöne, neue Produkte auf den Markt gebracht. Dann frage ich mich selbst: „Brauche ich das wirklich?" Da die Antwort meistens Nein lautet, gehe ich weiter ohne etwas zu kaufen. Manchmal muss mein Freund mich noch einmal fragen, aber es wird mit der Zeit immer leichter.

Was bedeutet Minimalismus für dich?
Minimalismus bedeutet für mich, mehr Zeit und Geld für die schönen Dinge im Leben zu haben. Mein Motto lautet daher auch: More Money for Adventures.

Gibt es Menschen, die dich besonders inspirieren?
Ich lasse mich gerne von vielen Menschen inspirieren. Das geschieht häufig über Blogs wie MalMini.de, Zenhabits.net oder myMonk.de.

Was sagen Partner, Familie und Freunde zu deiner Lebensweise?
Mein Partner und ich sind da zum Glück total auf einer Wellenlänge. Sonst wäre das Ganze wahrscheinlich ziemlich schwierig. Freunde und Familie sehen unseren „Lebensstil" etwas kritischer und verstehen oft nicht, was wir damit bezwecken wollen. Aber sie akzeptieren es und alle geben sich große Mühe uns zum Beispiel nur nützliche Dinge zu schenken.

Hat sich in deinem Leben etwas positiv verändert, seitdem du dich mit Minimalismus beschäftigst?
Ich genieße mein Leben viel mehr und ganz anders als vor dem Minimalismus. Ich sehe in viel mehr kleinen Dingen etwas Gutes oder Schönes und gebe mich inzwischen gerne mit weniger zufrieden als ich haben könnte. Außerdem habe ich seither immer ein Ziel vor Augen, während ich früher eher ziellos unterwegs war. Meine Lust und meine Möglichkeiten die Welt zu entdecken sind durch den Minimalismus viel größer geworden.

Glaubst du, dass Minimalismus irgendwann massentauglich wird?
Minimalismus ist meiner Meinung nach genauso massentauglich wie Vegetarismus oder Veganismus. Die Menschen müssen nur bereit sein, darüber nachzudenken und dann anfangen ihren Gedanken

umzusetzen. Zum „Massenminimalismus" wird es wohl eher nicht kommen. Dafür sind wir Menschen im Allgemeinen zu bequem.

Wo sind deine Grenzen? Wie weit würdest du beim Reduzieren niemals gehen?
Ich habe keine Ober- oder Untergrenze was meinen Besitz angeht. Ich möchte mich wohlfühlen und ein glückliches Leben führen. Und ich möchte für mich sagen können, dass ich nur Dinge besitze, die ich für mein Leben brauche. Minimalismus sollte kein Wettkampf sein, bei dem es darum geht, möglichst wenig zu besitzen. Ich mache das alles für mich, für niemanden sonst.

Neuanfang mit 50+?

Ralf Schmidtke ist 53 Jahre alt und lebt in Berlin.

„Meist führt die Beschäftigung mit dem Thema Minimalismus zuerst zu der Frage, auf welche materiellen Dinge man wohl am einfachsten verzichten kann. Je nach Intensität, mit der man dem Thema folgt, tauchen früher oder später Gedanken auf, die über das reine Thema Konsum und Besitz hinausgehen.
Nach meinem Abitur stand die grobe Planung für meine berufliche Zukunft schnell fest. Ich begann ein geisteswissenschaftliches Studium als Grundlage für eine journalistisch orientierte Tätigkeit. Ich kam aus einem sozial engagierten und sozialkritischen Umfeld, schrieb schon immer gerne und war (gesellschafts-)politisch bereits in jungen Jahren sehr interessiert.
Doch kommt es bekannterweise im Leben meist anders, als man meistens denkt.
Nach vier Semestern brach ich das Studium ab und begann eine kaufmännische Ausbildung. In den ersten Jahren war dies soweit alles in Ordnung. Ich absolvierte meine Ausbildung und engagierte mich in meinem neuen Aufgabenfeld. Die Positionen wechselten, die Gehälter stiegen und mit ihnen meine materiellen Ansprüche. Auch eine zwischenzeitliche Insolvenz änderte wenig und hatte hauptsächlich zur Folge, dass das Hamsterrad eben wieder neu gestartet wurde.
So ging das über mehr als zwei Jahrzehnte. Die Gesundheit wurde angegriffen (Blutdruck), das

Privatleben verdorrte (Trennung nach über 20 Ehejahren), Freizeit, Entspannung, Leidenschaften, Interessen – alles war auf der Strecke geblieben.
Aber irgendwo, ganz tief vergraben, jedoch offensichtlich noch nicht völlig abgestorben, meldete sich meine innere Stimme immer häufiger und dringlicher zu Wort. So begann ich mein Gehirn ab und zu und ganz vorsichtig auch wieder außerhalb des beruflichen Umfeldes zu nutzen. Mir wurde von Tag zu Tag bewusster, dass ich den größten Teil meines bisherigen Lebens in eine Arbeit investiert hatte, in der ich es niemals schaffen würde, so etwas wie innere Zufriedenheit zu finden.
Ein gewinnbringender Geschäftsabschluss erfreute mich für eine kurze Zeit, diese knappe Zeitspanne wurde durch das selbst installierte Belohnungssystem (in meinem Fall gerne der „gediegene Restaurantbesuch") noch etwas gestreckt, doch spätestens am nächsten Morgen erinnerten höchstens noch dumpfe Kopfschmerzen an den hart erkämpften Sieg im Ringen um Anteile und Provisionen.
Quo vadis, Ralf? Wo sollte es hingehen?
Immer öfter quälten mich die altbekannten Fragen nach dem Haben, dem Sein, dem Werden und dem Gebliebenen.
Der Weg begann.
Als erstes mussten die „Belohnungs-Pfunde" weg, ich konnte mich im wahrsten Sinne kaum noch ertragen. Und damit begann sozusagen mein zweiter Lebensweg.
Ich war zu dem Zeitpunkt nicht etwa total verfettet, es waren nur ein paar Wohlstands- und vor allem Bürosesselkilos zu viel und so hatte ich mit einer

leichten Ernährungsumstellung und einem sachten Laufprogramm sehr schnell Erfolg.
Aber war ich jetzt glücklicher und ausgeglichener?
Durch die Beschäftigung mit meinem Gewicht wurde meine Neugierde auf mein Leben, meinen Körper und meinen Geist wieder geweckt. Ich begann mich intensiver mit den verschiedensten Ernährungsmethoden zu beschäftigen. Die Auseinandersetzung mit der indischen Küche rief mir meine früheren Interessen für Lebensstile, Religionen und Kulturen in mein Gedächtnis zurück. Ich befasste mich wieder ein wenig mit Buddhismus, mit Minimalismus, mit Trennkost und essbaren Blütenblättern. Mein Geist wurde wieder aktiviert, ich fand (erstaunlicherweise) sogar Zeit mal wieder das eine oder andere Buch zu lesen.
Ich begann mein Leben Schritt für Schritt zu entrümpeln. Ich trennte mich von Dingen und Angewohnheiten. Ich begann meinen Konsum zu überdenken und zu steuern, ich beschäftigte mich mit meinem Konsumverhalten, meinem Lebensumfeld und mit mir selbst.
Ich beschloss noch einmal im „Rahmen des Möglichen" neu zu starten. Mit nicht viel mehr als „einem Koffer nach Berlin" suchte ich nach der beruflichen Alternative, die mir wieder Lebensfreude, Sinn, Erfüllung und Zufriedenheit geben sollte.
An dieser Stelle sei erwähnt, dass der Weg bis hierher nicht immer so einfach war, wie es sich in solch einer kurzen Zusammenfassung liest. Um etwas vorwegzunehmen, am Ziel bin ich auch heute noch nicht, aber ich bin mir mittlerweile sicher, auf dem richtigen Weg zu sein. Ich sehe und spüre täglich meine Fortschritte.

„Topmanager steigt aus und baut sich eine Farm auf", „Millionär verkauft sein Unternehmen an seine Mitarbeiter und gründet eine Stiftung" – solche Überschriften erweckten durchaus Neid in mir und gleichzeitig war stets sofort der Gedanke präsent: „Tja, mit dem nötigen Kleingeld auf dem Bankkonto lässt es sich gut aussteigen." Meine Alternative mit einer Insolvenz im Rücken? Als mittelloser Weltenbummler die Erde erkunden, ein Leben ohne jegliches Geld versuchen oder in ein abgelegenes Dorf ziehen und statt Geld Dinge und Dienstleistungen (ein)tauschen? Diese Möglichkeiten hatte ich niemals ernsthaft in Betracht gezogen. Jeder Mensch soll nach seiner Weise leben und glücklich werden, für mich aber gehören fließend warmes Wasser, ein festes Dach über dem Kopf und ein regelmäßiges, bescheidenes Einkommen zu den Basics, auf die ich nur sehr ungern verzichten möchte.

Der Umzug nach Berlin brachte es mit sich, dass ich eine neue Arbeitsstelle finden musste. Dies war nicht allzu schwierig, genügend Berufserfahrung hatte ich ja schon gesammelt. Meine (stillschweigenden) Anforderungen an meine neue Stelle lauteten nur: 1. Viel weniger Verantwortung, 2. Viel weniger Arbeitsstunden, 3. Die Arbeit durfte nicht mehr mein Leben bestimmen.

Punkt 1 war (zumindest auf dem Papier) leicht zu lösen: Ich hatte weniger Budget- und Personalverantwortung als zuvor in einem Unternehmen mit flacher Hierarchie. Leider kann der Mensch nur schwer seiner eigenen Haut entschlüpfen und so brachte ich mich völlig ungewollt durch meine Arbeitsweise sehr schnell zu

einem Kandidaten für weitere Aufgaben. So wurde folglich auch Punkt 2 nicht wirklich ein Erfolg. Sicher, ich arbeitete jetzt statt 70 nur noch 50 Stunden in der Woche, meine stillschweigende Anforderung an mich selbst erfüllte ich so jedoch nicht.
Punkt 3 bekam ich noch am Besten in den Griff, zumindest verlor ich nicht wieder komplett die Verbindung zu meinem Privatleben, meinen persönlichen Interessen und ab und zu nutzte ich sogar das kulturelle Angebot Berlins, welches mich hierher gelockt hatte.
Also, war ich jetzt glücklicher und ausgeglichener?
Ja, aber ...
Der Manager auf der Farm, der Millionär mit seiner Stiftung und der Aussteiger mit dem Bett im Kornfeld hatten alle eines erreicht – die Unzufriedenheit im Beruf abzustreifen.
Ich hatte immer noch Probleme mit dem Blutdruck, mein allgemeiner Zustand lief weiterhin auf ein klassisches Burn-Out zu und trotz des Freiraumes, den mir Konsumverzicht und Reduzierung meiner Ansprüche gewährten, schlief ich schlecht.
Und so nahm ich mir eines Tages ein Blatt Papier und schrieb. Die Überschrift lautete wieder „Quo vadis, Ralf?" Und ich schrieb weitere Fragen auf:
Kann ich das Hamsterrad verlassen und wenn ja, wie?
Wie kann ich meinen Job aufgeben und tun was mir wirklich liegt, ohne zum Sozialfall zu werden?
Was liegt mir wirklich?
Was würde ich heute tun, stünde ich noch mal kurz vor dem Abitur?
Ich versuchte, bei meinen Antworten realistisch zu bleiben. Ich bin nicht der Mensch, der hinschmeißt

und aufs Geradewohl lebt. Ich habe nicht die Möglichkeit, nur meinen Träumen nachzujagen. Was sind eigentlich meine Träume...
Ich machte mir klar, dass ich auch zukünftig Geld verdienen wollte. Ich wusste sehr schnell, dass ich mich (vorläufig) auf keinen Fall selbstständig machen wollte. Endlich begann ich ernsthaft darüber nachzudenken, ob ich 30 Jahre Berufserfahrung zur Seite schieben und mit fast 50 Jahren noch einmal ein vollkommen neues Erfahrungsfeld erkunden konnte. Mir wurde bewusst, ich möchte Geld verdienen, aber ich habe es in der Hand wie ich dies tue und wie viel es wirklich braucht, damit ich zufriedener sein kann. Denn eines hatte ich auf meinem bisherigen Weg gelernt: Reichtum, Glück oder Zufriedenheit haben mit Geld wenig zu tun.
Ich besann mich auf meine jungen Jahre. Auf mein soziales Engagement, meine Leidenschaft für Texte, auf meine musisch-künstlerischen und kulturellen Interessen. Letztere, das war mir schnell klar, sollten unbedingt Hobby und Leidenschaft bleiben.
Mit Schreiben Geld verdienen? Ein Risiko, welches ich derzeit noch scheue.
Noch einmal eine mehrjährige Ausbildung? Will ich mir nicht erlauben. Um sich in der Arbeit mit Kindern und Jugendlichen einzubringen, bin ich vielleicht etwas zu alt?
Alt? Alter? Und da war sie! Meine Vision: Ich stellte mir vor, in der Altenpflege zu arbeiten. Ich stellte mir vor, einen fetten Auftrag gegen ein kleines dankbares Lächeln eines Menschen in einem Pflegeheim einzutauschen. Saubere Windeln statt Provision, geduldiger Dialogversuch mit Dementen statt Verkaufsverhandlungen, morgendliche

Grundpflege statt Businessmeeting. Na ja und auch: Ein durchaus angenehmes Gehalt wird gegen ein paar Cent über Mindestlohn getauscht, Boni und Provisionen sind Geschichte.
Ich hatte das Glück, dass in meinem familiären Umfeld Erfahrungen mit solchen Aufgaben vorhanden waren. Ich hatte so von Anfang an keine falschen Illusionen und wusste, es würde eine auch körperlich anspruchsvolle Tätigkeit werden. Dankbarkeit sollte man grundsätzlich nicht erwarten, der soziale Status ist niedrig und es gibt attraktivere Dinge, als Toilettengänge mit alten Menschen durchzuführen. Doch kaum hatte mich die Idee ergriffen, merkte ich, dass etwas anders war. Zum ersten Mal nach vielen Jahren hatte ich ein berufliches Ziel, welches ich mit wirklicher Leidenschaft angehen wollte.
Der Rest ist schnell erzählt. Ich absolvierte in meinem Urlaub „Schnuppertage" in verschiedenen Einrichtungen, ließ mich beim Arbeitsamt beraten und machte eine Umschulung zur Altenpflegekraft (in anderen Bundesländern Pflegeassistent oder Pflegehelfer genannt). Dazu gehörte ein längeres Praktikum. Ich suchte mir die Einrichtung hierfür sorgfältig aus und wurde nach Abschluss der Ausbildung auch in dieser Einrichtung eingestellt.
Bin ich jetzt glücklicher und ausgeglichener?
Ja, ohne Wenn und Aber.
Ich lebe mein persönliches Minimalismuskonzept. Zwar zähle ich nicht meinen Besitz oder versuche mich so weit zu reduzieren, dass ich in einer Tonne lebe. Aber ich habe mich weitgehend dem Konsumterror abgewandt. Jetzt achte ich darauf, ob ich Dinge wirklich brauche, ob der Wunsch nach

etwas mehr als ein Strohfeuer ist. Ich überschlafe Anschaffungen mehrfach und achte dann auf Qualität und Nachhaltigkeit, ohne mir aus dieser Einstellung schon wieder Stress zu bereiten. Meine Zeit nutze ich für meine wirklichen Interessen und bin überzeugt davon, dass dies das vielzitierte erfüllte Leben ist.

Gelernt habe ich, dass Achtsamkeit sich selbst gegenüber und die Geduld, aber auch die Hartnäckigkeit, Ideen zu entwickeln und weiterzuentwickeln, gute Ansätze sind, das Leben selbstbestimmter zu führen. Dieser Selbstbestimmung tut es für mich auch keinen Abbruch, dass ich auch jetzt einen (fremdbestimmten) Dienstplan habe, aber es fördert sie, dass ich nur noch dreißig Stunden in der Woche „Geld verdienen gehe". Auch mein jetziger Beruf ist stressig und anstrengend, verantwortungsvoll und hat eher unfreundliche Arbeitszeiten. Aber der Stress entsteht nicht, weil ich einer in meinen neuen Augen schnöden Provision nachjage, sondern weil Mitmenschen Hilfe brauchen. Die Anstrengung ist auch körperlich spürbar, aber ein Blick auf die geleistete Arbeit entschädigt mich deutlich mehr, als der Abschluss im Aktenkoffer. Die Verantwortung ist sogar deutlich höher, ich habe es täglich mit Hilfsbedürftigen zu tun, teilweise mit Menschen, deren letzte Tage definitiv gezählt sind. Es ist eine menschliche Verantwortung, keine Verantwortung über abstrakte Zahlen irgendwelchen Geschäftsführern gegenüber.

Man möge mich bitte richtig verstehen. Ich habe absolut nichts gegen Kaufleute, ich habe fast 30 Jahre in der Branche gearbeitet und tolle Menschen

kennengelernt. Es soll auch nicht der Beruf eines Altenpflegers als das größte anzunehmende Ziel dargestellt werden. Ich habe meine Geschichte aufgeschrieben, um ein Beispiel zu geben, dass man es auch ohne Kapitaldecke und mit deutlich mehr als zwanzig Lebensjahren selbst in die Hand nehmen kann, seinem Leben noch mal eine Wendung zu geben. Und ich möchte zeigen, dass Minimalisten keine Erbsen- bzw. Sockenzähler sein müssen.
Für mich ist Minimalismus eine Lebenseinstellung, die sich nicht nur auf Konsumfragen beschränkt. Minimalismus bedeutet für mich Konzentration auf die Dinge, materiell und immateriell, die mir wirklich wichtig sind, die mir ein ausgeglichenes und erfülltes Leben ermöglichen.

Meine Tipps für alle, die sich für Minimalismus interessieren:

- Nicht einfach losrennen.
- Nachdenken und vor allem sich selbst gegenüber schonungslos ehrlich sein.
- Belastbare Informationen über Möglichkeiten sammeln und für sich selbst einordnen und gewichten.
- Niemandem nacheifern, jeder Lebensweg ist ein anderer.
- Nicht nach Vorbildern suchen, sondern nach sich selbst.
- Einen Schritt nach dem anderen gehen.

Aber wenn du überzeugt bist, renne auch wirklich los. Wenn du vorher in Ruhe alles überdacht hast, ist es egal, ob du 30, 40, 50, 60 oder 70 Jahre jung bist und was der Kontoauszugsdrucker dir entgegenspuckt. Dann wird aus dem Bankier vielleicht der Fahrradmonteur und aus dem Altenpfleger vielleicht der Vinylplattenverkäufer. Vielleicht bleibt der Verkäufer aber auch Verkäufer, weil es genau der Beruf ist, der ihm Zufriedenheit schenkt."

ZUM SCHLUSS

Hallo liebe Leserin oder lieber Leser,
Ich hoffe, dieses Buch hat dir gefallen und dich inspiriert. Damit du weißt, von wem diese Zeilen stammen, stelle ich mich noch kurz vor: Mein Name ist Pia Mester, ich bin freischaffende Autorin und Bloggerin. In meinem Blog www.MalMini.de beschäftige ich mich seit Mai 2013 mit Minimalismus in all seinen Facetten. Ich habe bereits mehrere Bücher zu dem Thema veröffentlicht, nehme regelmäßig an deutschlandweiten Minimalimus-Treffen teil und finde es toll, dass immer mehr Menschen sich für einen einfacheren Lebensstil entscheiden. Ich glaube, wenn wir alle versuchen, einfacher, genügsamer und bewusster zu leben, kann diese Welt in vielen Aspekten nur besser werden.
Wenn dir das Buch gefallen hat, freue ich mich sehr

über eine positive Bewertung. Hast du Fragen, Anregungen oder Kritik? Dann schreib mir eine Mail an p.mester@gmx.de, kontaktiere mich auf Twitter (@Wuuuuusel) oder über Facebook (www.facebook.com/malminiblog). Wenn du mehr zum Thema Minimalismus erfahren willst, trage dich in meinen Newsletter ein (findest du oben rechts im Blog).

LITERATUR

Bücher

Minimalismus und Simple Living

„Simplify your Life" von Werner Tiki Küstenmacher und Lothar J. Seiwert

„Genug! Wie Sie der Welt des Überflusses entkommen" von John Naish

„Selbst denken: Eine Anleitung zum Widerstand" von Harald Welzer

„Zeitwohlstand: Wie wir anders arbeiten, nachhaltig wirtschaften und besser leben" von Konzeptwerk Neue Ökonomie (Hrsg.)

„Glücklich ohne Geld!: Wie ich ohne einen Cent besser und ökologischer lebe" von Raphael Fellmer

„You Can Buy Happiness (and It's Cheap): How One Woman Radically Simplified Her Life and How You Can Too" von Tammy Strobel

"Weniger bringt mehr: Die Kunst, sich auf das Wesentliche zu beschränken" von Leo Babauta (bloggt unter www.zenhabits.net)

„The Joy of Less, A Minimalist Living Guide: How to Declutter, Organize, and Simplify Your Life" von Francine Jay alias Miss Minimalist (www.missminimalist.com)

"Die 4-Stunden-Woche: Mehr Zeit, mehr Geld, mehr Leben" von Timothy Ferriss (www.fourhourworkweek.com)

„Die Kunst, anders zu leben: Erschaffe deine eigenen Regeln und führe das Leben, das du dir wünschst" von Chris Guillebeau (www.chrisguillebeau.com)

Minimalismus-Blogs

Eine umfassende Liste deutscher Minimalismus-Blogs findest du unter www.minimalistisch-leben.de/linkliste/

Gruppen und Foren

Facebook-Gruppe „Auf dem Weg zum Minimalismus"

www.minimalisten.org

www.Minimalistenfreun.de/minimalistenforum

www.Minimalismus-Treffen.de

ÜBER DIE AUTORIN

Pia Mester ist freie Journalistin, Texterin und Autorin und lebt im Sauerland. In ihrem Blog www.MalMini.de beschäftigt sie sich mit Minimalismus, Lebenskunst, Konsumverhalten und Persönlichkeitsentwicklung.

Weitere Bücher

Minimalismus auf dem Schreibtisch - Besser arbeiten durch mehr Ordnung im Büro

Auf deinem Schreibtisch stapeln sich die Papierberge? Über deine E-Mails hast du längst den Überblick verloren? Du siehst vor lauter unerledigter Aufgaben den Feierabend nicht? Mach Schluss mit der Unordnung in deinem Büro und in deinem Kalender! Dieses Buch gibt dir Tipps, wie du lernst, dich auf das Wesentliche zu konzentrieren – sowohl was deine Büroausstattung angeht als auch deine Verpflichtungen und Aufgaben. Schaffe Ordnung in deinem Arbeitsumfeld und in deinem Kopf, erledige deine Aufgaben effizient und gewinne so mehr Zeit für dich.

100 Tipps, die das Leben einfacher machen

Wir leben in einer Welt des Überflusses. Es gibt von allem zu viel. Zu viele Konsumgüter, zu viele Anforderungen, zu viele Informationen, zu viele Termine. Nur Zeit haben wir nie genug.
In einer Welt, die immer komplizierter wird, sehnen sich viele Menschen nach Einfachheit. Manche ziehen auf einen Bergbauernhof, andere in ein Kloster, aber die meisten beißen die Zähne zusammen und machen einfach weiter wie zuvor. Dabei ist es ganz einfach, sein Leben zu vereinfachen. In diesem Buch findest du dazu 100 Tipps und Denkanstöße, die sich leicht in deinen Alltag integrieren lassen.

Minimalismus im Kleiderschrank - Entrümpeln und den eigenen Stil finden

Dein Kleiderschrank platzt aus allen Nähten, trotzdem findest du oft nicht das passende Outfit? Du fühlst dich schuldig, weil du immer wieder Kleidung kaufst, die du dann doch nicht anziehst? Für Schnäppchen gibst du Unsummen aus, weil du nicht weißt, was dir steht?
In diesem Buch erfährst du, wie du deinen Schrank entrümpelst, deinen Stil findest und deine Garderobe auf deine Lieblingsstücke reduzierst. Außerdem bekommst du Tipps, wie du zukünftige Fehlkäufe vermeidest und wie du deinen Kleiderschrank übersichtlich und ordentlich hältst.

13092199R00085

Printed in Poland
by Amazon Fulfillment
Poland Sp. z o.o., Wrocław